Burg- Und Bergmärchen, Volume 1

Friedrich Grimm

Ein Raub der Vergessenheit, ja der Ver= nichtung vielleicht würden sie geworden seyn, ohne die rettende Hand des Verlegers, dem alle Freunde des lieben Hingeschiedenen, ja Alle, welche dieses anspruchslose Büchlein zur Hand nehmen werden, den wärmsten Dank dafür schulden.

B.

———

Der Weibchenstein.

Magdalene kam. Sie schloß die Thüre des Gartens auf, ging nach einer dunkeln Hütte, setzte einige kleine Handkörbchen an die Seite, legte das Gewand ab und sank auf ein weiches Moosbett.

Heinrich schlich herbei, blickte in die Hütte, kniete neben ihr nieder und betrachtete sie.

Wie süß sie ruht nach dem sauren Weg, sprach er leise. Da hängt der schöne Sonnenhut, den ihr die Base verehrt, das Tüchlein, der grüne, buntgesäumte Faltenrock, der ihr so gut steht; hierhin, dorthin flogen die langen Handschuhe; im Schoß ruhen die Arme, rund und weiß, mit den kleinen Händen, die, obgleich sie manchmal wie ein Maulwurf in der Erde wühlen, nicht reiner und feiner sein können; Friede und Liebe leuchtet aus dem schönen Angesicht; festgeschlossen sind die blauen Augen .... Ja, wo blaue Flämmchen

1 *

flammen, ruht ein Schatz. — Und wie sanft und
frei sie sich bewegt, die liebe Liebchenbrust, in der
mein armes Bild verborgen lebt .... Giebts
auch einen schöneren Ort in der Welt? — Nein
mein Mädchen, ich wär' ein böser Mensch, könnt'
ich einen Augenblick nur dir ungetreu sein. —
Leise berührten seine Lippen ihre blühende Wange
.... Magdalene erwachte. —

Du kommst von Burg Rodenstein, bist frei,
bist unser. Oh sag' es, sag' es nur schnell! rief
sie freudig und umschlang den Geliebten

Es ist noch nichts entschieden, Lenchen, versetzte er.

Wir Unglücklichen! Alles lebt fröhlich. Jede
Blume hat ihr Blümchen bei sich, jeder Käfer
seine Käferin, und summt und brummt vergnügt.
— Wir sind betrübt — doch nein, wir wollen
heiter um uns blicken. Alles wird noch gut werden. —

Frau Walter war unterdessen unruhig von
einem Ende des Gartens zum andern gegangen.
Es wurde ihr bang, Magdalene noch nicht ankom-
men zu sehn; denn die Nachmittagszeit, in welcher sie heimzukehren pflegte, war längst vorüber

und am Himmel zog ein schweres Wetter, das
sich entladen zu wollen schien.

Eine Mutter hat doch recht ihre Noth, seufzte
sie vor sich hin. Täglich giebt es was zu sagen
und zu klagen; bald fehlt es in dieser, bald in
jener Ecke. Auch Friedrich schreibt noch immer
nicht aus der Fremde. Wo mag er sein; wie
mag es ihm ergehen? das sind Fragen, die Niemand beantworten kann. Ach, wer mag seinen
liebsten Gedanken nachfolgen, wenn Sorgen ihn
drücken? Ich habe mit diesen beiden Kindern
schon mein Kreuz; Gott in deinem Reich, was
muß erst eine Mutter auszustehen haben, die deren ein ganzes Haus voll hat.

Hellen Grußes eilten Magdalene und Heinrich herbei.

Die Mutter reichte den Kommenden die Hand.
Wie hast du mich geängstigt durch dein Ausbleiben, sprach sie zur Tochter. Thue mir das nicht
wieder, halte dich künftig mehr an die gewohnte
Ordnung. Und wie du noch glühst, Mädchen.

Magdalene schmiegte sich an den Jäger, dem
sie heiter in's Auge blickte. — Nun höre, Mutter,
wie es mir heut' ergangen. Guter Verkauf zu

Darmstadt. Die letzten Erdbeeren gingen reißend
ab, die ersten Herzkirschen waren herzlich willkommen, die Himbeeren wollten die Leute nicht,
es wären schon Würmchen darin. — Dann,
denkt euch, bin ich im Schloß gewesen. Der alte
graue Treßler und Schloßverwalter, der Amend,
ihr kennt ihn noch, führte mich treppauf in ein
prächtiges Gemach, und bald trat herein die Frau
Gräfin in Flor und Schleppkleid mit einem langen Zug junger Gräfinnen, eine größer und lu-
stiger als die andere, die älteste schon sechszehn
Jahre alt. Sie umringten mich, nahmen die
Blumen, die ich ihnen reichte, und riefen: Ah,
wie schön, ei wie schöne Blümchen. Dann gingen sie vor den Spiegel und besteckten sich damit.
Die gute Gräfin Mathilde war gar freundlich,
sie lachte, fragte nach euch, nach der Babenhaus-
ner Base, ob sie lang nicht da gewesen, fragte,
ob wir den geschwätzigen Papagei noch hätten,
den hübschen, treuen Bellhund und die seltenen
Feentäubchen, die einem auf den Kopf flögen;
und wandte sich zu einem alten, mürrischen Kriegs-
manne, der mitgekommen war und an ihrer Seite
stand, ob ich nicht dem Vater ähnlich wäre, wor-

auf der alte Krieger muthig einstimmte. Dann
gab sie mir ein Glas rothen Wein, das ein Fräulein brachte, und bat mich, recht herzhaft zu trinken: Nun zog sie aus der silbernen Blinktasche,
die an ihrer Seite hing, ein Perlenbeutelchen,
knipste es auf und gab mir eine Handvoll nagel-
neuer Mainzer Martinsgröschlein, während die
kleine vierjährige Gräfin Katzenelnbogen muthwillig mich am Rock zupfte und hinter ihrer
Wärterin versteckt hervorblickte;—bat mich auch
dann, Vater und Mutter hübsch zu grüßen, und
wir alle möchten sie einmal besuchen auf der
Rheinburg Katzenelnbogen, wohin sie bald zöge.
Ah Mutter, ja, das müssen wir thun; das muß
geschehen; dann besuchen wir auch den Oheim
Sebastian, der in der Gegend wohnt, und die
Base Heinemann zu Höchst, die mich aus der
Taufe gehoben. Sie hatte es immer im linken
Bein und hörte nur vor dem rechten Ohr, ich
weiß noch; und der Oheim Woldemar, mit der
rauhen Stimme und dem sanften Herzen. —
Heinrich geht mit. — Nun ging ich mit den
vielen Gräfinnen durch alle Prachtzimmer des
Schlosses, und wir stiegen alsdann fröhlich eine

hohe Treppe hinauf nach dem Schloßthurm, um
uns umzusehen. Im engen Thurmstübchen saß
da der alte Thurmwart und flocht ein Vogel-
haus; an der Wand hing ein großes Horn mit
einem goldenen Mundstücklein. Ich fragte ihn,
was er mit dem Horn mache, ob er damit die
Vögel locke. Nein, sprach er, es wäre ein Feuer-
horn. Wenn's Feuer gäbe. — Gott bewahr'
uns in Gnaden vor Feuer! rief er aus und sah
in die Wolken. — dann stoße er hinein, damit
es ruchbar werde in der Stadt. Als er nun einmal aus dem Stübchen ging, lachten wir, und
die Mädchen sagten zu mir: Stoß' mal hinein,
stoß' mal hinein! Ich hätte ohnehin Lust dazu;
also nehm' ich das Horn, halt es zum Fenster
hinaus, schöpfe recht tief Odem und stoße dreimal
hinein. Was euch das Horn für ein Geplärr
gab, kann ich nicht sagen. Drunten im Schloß-
hof wurde Alles lebendig; es fluchte, schrie, Flin-
ten rauschten, Trommeln röllten. Der Thurmwart stürzte keuchend herein; doch während er
aus vollem Hals hinunter schrie: Es gilt nix,
gilt nix, ist kein Feuer! rasselten wir die Treppen hinab, guckten im Schloßgarten aus den

Gebüschen und sahen den Thürmer im weißen
Haar noch am Fenster stehen. — Und wie ich
nun fort bin und über den Markt komme, hat's
da ein entsetzlich Lärmen und Aufkreischen; Buben
krachten, Bänke fielen. Es hieß, es wäre Eins
in die Darme gefallen, und wieder, ein Jud wär's,
ein Jud aus Butzbach, der ein Paar Sommer=
hosen geburt hätte, den sie bläuen wollten. Da,
da kam der Jud, verfolgt von einer starken Men=
schenhetze, riß aus, warf eine Marktfrau mit ihrem
Eierkorb um. Die Buben nahmen die umher=
schibbelnden Eier, warfen damit, wie mit Schnee=
bällen, erst nach dem Juden, dann nach den
Häschern, die hinter sich recht unanständig aus
sehen. Es kamen noch Lanzknechte herangeritten,
die von Leder zogen. — Und nun das Lachen,
das Gefluche „Krummenoth, krieg die Knauke!
Gott verdoppel," das Schimpfen und Rasen der
Eierfrau auf den Juden, die eifernden Häscher,
die spottenden Straßenjungen. Ich sag's euch,
da gab es des Guckens genug. Und so verlief
ein Stündchen mehr; die Schatten wurden grö=
ßer und mein Heimgang angenehmer. — Nun
sei uns wieder gut, liebe Mutter! —

Der Garten des Herrn Walter lag in einem
der schönsten Thäler des Odenwaldes, nicht weit
entfernt von den Höhen von Neunkirchen,
welche zu den steilsten dieses Gebirges gehören.
Er hatte schon vor undenklichen Zeiten bestanden
und nach alten Urkunden, gleich einer andern
Niederung im mimlunger Thal, die ihm aber an
herrlicher und fruchtbarer Lage nicht gleich kam,
den Namen Blumengau geführt. Alle Wege,
die dahin leiteten, waren schön, keiner jedoch so
anmuthig, als der Fußpfad, der von Südosten
zackig durch die Wildniß lief und die höchsten
Naturgenüsse bot. Wechselsweise kam man bald
durch ein dichtes Gehölz von hohen, schlanken
Wachholderbäumen und laubigen Buchen, in deren Wipfelwölbungen muntere Blaumeisen und
Weißkehlchen wohnten, bald vorüber an lablichen
Blumenrainen, sammtgrünen Waldwieschen, und
stand endlich, da, wo der Weg thalwärts sich
senkte, die Aussicht frei wurde, vor einem prächtigen, mit Blüthendüften, Vogelstimmen erfüllten, von wunderbaren Kuppen, dichterischen Wal-
deshöhen und Felsenspitzen eingeschlossenen, um-
fangreichen Frucht- und Blumengarten, in dessen

Mitte auf mäßiger Anhöhe ein heit'res Woh-
nungsgebäude sich erhob. Das Ganze wurde
theils von einem kristallhellen Kieselbach, der aus
dem nächsten Gebirgsfelsen durch Erlen und
Nußgebüsch herangerollt kam, andern theils durch
ein auf Mauergrund ruhendes Gitterwerk, das
auch mehre ansehnliche, von Eichen und Ahornen fast
ganz verhüllte Nebenbauten in Scheuer und Stal-
lung umfaßte, für sich abgegrenzt. Ueber der Thüre des Hauses, umgeben von frommen Sprüchen,
waren zu lesen die Worte: „Der Herr segne Alle,
die da ein und aus gehen," dabei die Zahl 1430,
in welchem Jahr Albrecht Walter, der Vater
Martin Walters, des jetzigen Haus- und Gau-
gartenbesitzers, die Wohnung hatte ausbessern
und die Balken mit weiß und rother Farbe an-
streichen lassen, was an verschiedenen Stellen
zwischen dem Weinlaub, womit das Haus bedeckt war, sich noch bemerklich machte. Neben
der Thüre in bequemer Hütte versah Raff, ein
brauner, helläugiger Hühnerhund, dem man Gut-
müthigkeit und Strenge zugleich ansah, das Wach-
amt. Aehnlich manchen Menschen empfing er
Ankommende nach ihrem Aeußern und bezeigte

absonderlich dürftig gekleideten Pilgersmännern
und Bettelmönchen, an welchen das Gebirge reich
war, eine Aufmerksamkeit, die leicht in Wuth
überging, ohne darum den Putz zu lieben; denn
mit einem Pfau und welschen Hahn, die wie
aufgeblähte Schiffe oft höhnisch an seiner Schild-
stätte vorüber segelten, lebte er in beständigem
Angriffskriege, wogegen eine scheckige Zibethkatze
seine Freundschaft besaß, welche buckelnd an ihm
hinstrich und freundlich von ihm gekneift und
gebissen wurde. Geräumig und mit weißem Berg-
sande bestreut, war der Flur, auf dem Sonntags
mit Wachholderbeeren, und wenn Besuch kam,
mit ächtem Darmstädter Rauchpulver geräuchert
wurde. Ueber dem Eingang der Wohnstube spielte
ein großes Hirschgeweih auf des Hausherrn vor-
maligen Waidmannsstand an, den er aus Neigung zur Naturkunde, auch weil ein ererbtes
Vermögen ihm eine ruhige und angenehme Le-
bensweise verstattete, aufgegeben hatte. Das Auge
des Eintretenden fiel zunächst auf die Abbildun-
gen der aus verblaßten Goldrahmen von der
Wand schauenden Großeltern Walters. Vernehmlich hörte man in der stillen Stube das Pickern

einer Uhr, welche uralt mit halb blinden, deut=
schen Zahlen, einem grauen Hausgespenst ähnlich,
die nächste Ecke einnahm. In der Mitte des
Zimmers stand ein Familientisch, der vergrößert
werden konnte. Er war ein werthes Erbstück
und von kunstreicher Bauart. An diesem Tisch,
an welchem die Großeltern gesessen, wurden häus=
liche Angelegenheiten besprochen und abgeschlossen.
Vor ihm stand täglich zweimal die Familie, zu
der auch die alte treue, wie eine Verwandte ge=
liebte Gehülfin Susanna gehörte, bevor·sie sich
niederließ zum gesegneten Mahl, mit gefalteten
Händen ein kurzes Gebet haltend, wobei nicht
gelacht wurde. Ein räumiger, an den Tisch sto=
ßender Sessel, in welchem der Vater saß, und
der jenem an Alter und Arbeit nichts nachgab,
war vom feinsten Holz, mit schönen Schnitzbildern
in Lilienjungfrauen, Singvögeln, Blumen verse=
hen. Nicht minder merkwürdig dürfte ein groß
hervortretender, starker Ofen genannt werden, der
außer den kaiserlichen Doppeladlern auf seinem
hohen, irdenen Aufsatz geschmückt war mit Berg=
grubenmännlein, Gemsen, Steinböcken. Eine weiß
gescheuerte, etwas sich windende Treppe führte

nach einer freundlichen Dachstube, welche Magda=
lene bewohnte. Einfach, dem Ganzen angemessen,
geordnet und wohlgehalten, standen hier alle Ge=
räthe und Brauchlichkeiten, die sie enthielt. Nichts
war überflüssig, nichts fehlte der Bequemlichkeit.
Die Eckseite nach Morgen war besetzt durch einen
zierlichen Schreibepult, die Rückenwand einge=
nommen von Magdalenens eigenem Bildniß in
Röthelstift, gezeichnet in ihrem zehnten Jahr von
dem „lieben Gespielen Heinrich," wie sich von
ihr selbst darunter angemerkt fand. Sie war von
vielen, allfarbigen, mit Nädeln befestigten Schmet=
terlingen umgeben, welche, nach Versicherung des
Jägers, das kleine Lenchen, eine wandelnde Blu=
me, im Garten oft verfolgt, worüber der Vater
zuweilen lose Bemerkungen fallen ließ. Dieser
prangte neben der Mutter in schwarzen Schat=
tenrissen an der entgegengesetzten Wand: Herr
Walter im Jägerrock und stattlichen Federhut,
das Feuerrohr über der Schulter; Frau Martha
im Bauschenkleid mit spitzer, bänderreicher Haube,
auf der ein großer Topasfliegenvogel saß, und an
der etwas zu vollen Brust noch einen vollen Blu=
menstrauß, der fast bis zum geliebten Eheherrn

hinüberreichte. In der Tiefe des Zimmers befand sich ein Vorhangbett, weiß wie Märzen-
schnee, dabei ein Paar neue, klappende Absatz-
schuhe mit blitzenden Knöpfen auf dem Spanne,
und nicht weit davon, dergestalt jedoch, daß
man gehörig sich beim Licht besehen konnte, hing
ein Spiegel, beladen mit alten und neuen Ge-
burts= und Namenstagskränzen, welchen, der
Sitte gemäß, die sieben Johannisnachtsblümlein
nicht fehlten. Zu Haupten des Bettes war das
Bild der heiligen Ursula, ein Pilgergeschenk, an-
gebracht, die, einst fliehend vor König Attila,
mit ihren elftausend Jungfrauen durch den Gau
und einen Steinthurm des nahen Elsheim —
heutzutage der Elftausendjungfernthurm geheißen
— sollte gezogen sein. Zu Füßen hing eine Zi-
ther, welche dann und wann Magdalenens Stimme begleitete, an Wohlklang aber ihr nicht zu
vergleichen war. Neben einem gelben Kleider-
schränkchen nahm ein Spinnrad neuster Erfin-
dung eine Stelle ein, das schon oft geschnurrt
hatte zu den schauervollen Wintermährchen Sannas, der alten, geschichtserfahrnen Erzählerin, wie
zu den süßen Halbschläfchen der sanften Spin-

nerin. Jenes Schränkchen, welches so spiegelhell
glänzte, daß man hätte schwören mögen, es käme
eben erst aus der Schreinermeisterwerkstätte, enthielt des Mädchens Sonntagsputz: bunte und
schwarze Röcke, weiße und schwarzgewürfelte Hals-
und Kopftüchlein, Bänder, Hemdter, kurze und
lange bis in die Kniekehle reichende Strümpfe;
letztere selbst verfertigt und gezeichnet mit den
von zwei Seiten lesbaren Buchstaben M. W.
Ein kleines Kindertischchen bewahrte, ummauert
von goldenen Limonien, holländischen Adams-
und grünen Herrnohnekern-Äpfeln, Christgeschenke
und Erinnerungen aus der Jugendzeit in Trink-
schalen, blau geränderten Becherlein, den zwölf
Aposteln von Holz, einer Schachtel mit Heigern,
auf welchen Städte, Landschaften, Menschen,
Thiere zu erkennen waren, und andere Gegenstände mehr, aus welchen ein dickbürzeliger Vogel Strauß und ein weitrachiger Nußknacker her-
vorguckten. Zu diesen Erinnerungen gehörte noch
ein großes gemaltes Nischenbild, das die Ver-
treibung dreier, der Jugend feindlich gesinnter Männer vorstellte, nämlich den langarmigen Poppel-
mann, der die Kleinen ins Wasser lockt, den

Bützelmann, auch Knecht Ruprecht geheißen, in einer Fuchsschwanzmütze, der die Kinder mit schiefen Mäulern schreckt, und den mädchenholenden Mummelmann mit grünfeurigen Augen, welche drei groben Männer von zwei höflichen, dem knüttelbewaffneten, aschgrauen Sandmann, der den Kindern süßkitzelnden Schlummersand in die Augen streut, und dem gutmüthig lächelnden Weihnachtsmann, der reich beladen mit Geschenken, aus denen das lichthelle Jesuskindlein schimmert, hinter ihm herfolgt, in die Flucht getrieben werden. Der Künstler dieses Bildes führte einen ellenlangen Namen, der vielleicht falsch war; denn damals kam auf, daß Schriftsteller häufig ihre deutschen Namen in römische oder griechische umsetzten, und die Maler thaten es ihnen nach. Frau Walter kam nur dann nach diesem Zimmer, wenn sie im „Hausschatz," der sich darin befand, kramen wollte. Dieser Hausschatz bestand aus dem Familienleinwandschrank und war in der That von unten bis obenhin gepfropft voll Leinen, Drell, Laken, Blaubunt Tisch- und Tellertüchern in allen Schnitten und Stännern. Noch wäre der Oberfläche dieses Schreines zu gedenken, nicht, weil sie altes Gerümpel und Geräppel bewahrt, sondern weil ein durch das Dunkel vernehmlich sich bemerkbar machendes und gar nicht zu verachtendes, messingenes Feuerstoschen blinkt, welches im Winter ein Laufbube, der ein gerades und ein krummes Bein hatte, in die Kirche nach Neunkirchen tragen mußte, allwo es Frau Walter ganz unbefangen unter den Rock schob. In der freundlichen Dachstube hatte ein Rothbrüstchen seine Niederlage, welches lieblich sang, Lenchen auf Kopf und Brust flog, Futter aus der Hand pickte und sich sonst wünschenswerth aufführte. Draußen vor den runden Scheiben blühten auf einem Fensterbrett Rosmarin-, Lavendel- und Basilikumbäumchen, wehte das reine Kreuzblatt des Weinstocks, der, wie schon bemerkt, den ganzen Hausbau bis zum Zackengiebel bedeckte. Von einer Fensterecke schaute aus hohler Dachlucke die kluge Bachstelze, von der andern aus ihrem offenen Halmennest die rothleibige Rauchschwalbe, welche beide jeden Morgen in heiteren Zwitschereien der wohlwollenden Nachbarin dankten für Duldung und Schutz, den sie ihnen gewährte.

Walter saß am Fenster und sah in den Garten hinab. Er fragte die Hausfrau, als sie die Stube betrat, wie es mit Heinrich stehe.

Er wird mit dir reden, versetzte sie. Ja, denke dir, Rodenstein verlangt für gänzliche Freigebung des Jägers an die sechszig Gulden baar.

Walter sprang auf. Eine unerhörte Forderung, die ich niemals bewilligen werde. Da haben wir's nun, wie voraus gesagt. Warum ging er auch zu dem Rodensteiner? Das ist ein Mensch, der mir täglich mehr mißfällt. Er kennt und weiß nichts, als zu jagen in den Wäldern und die Leute zu drangsalen. Gestern brannte es abermals in der Gegend von Helfenstein. Sicher haben seine Banden dort wieder geräubert. Von allen Seiten laufen Klagen ein. Hier hat er dem Landmann das Vieh entwendet und den Grenzstein verschoben; dort die Saaten verheert und einen Pilger erschlagen, der nur drei Kreuzer in der Tasche hatte. Das nimmt kein gut Ende. Jagen und ewig jagen. Ich bin auch Jäger gewesen, aber Alles hat sein Maaß, sein Ziel. — Wie Heinrich kam, wie wir den vater- und mutterlosen Knaben unsers waidmannischen Kamera-

den Braband willig und gern ins Haus nahmen,
welch ein guter und geschickter Bursche war er
da nicht; wir hatten unsere Freude an ihm.
Jetzt wäre er erfahren, gereist im Geschäft und
wir könnten ihn gebrauchen. Warum ließ er sich
bethören von des Ritters eitlen Versprechungen?
So sind Jahre verflossen, schonend schwieg ich,
was ich nicht hätte thun sollen, und nun, da er
kräftig und stark geworden, wir ihn zurückverlan-
gen, wie beschlossen war unter uns, macht der
Habgierige Winkelzüge und glaubt sich berechtigt
zu unverschämten Forderungen. Am Ende wird
Braband noch selbst ein Räuber, wie einer, der
mit dem Bösen verkehrt, zuletzt auch Böses treibt,
er, der mein Sohn, der Gatte unsers Kindes
werden soll. Entsetzliche Vorstellung! Oh Martha,
wir haben schon zwei Kinder verloren; Friedrich
ist wie verschollen; sollen wir Kümmerniß erfahren an dem einzigen, das uns übrig bleibt? —
Und was hat er so oft in der Mühle zu thun?

Ich weiß es nicht, entgegnete Frau Martha.

Wir wollen sie trennen, ihm das Kommen,
ihr das Ausgehen untersagen. Es wird das
Beste sein.

Magdalene hängt mit ganzer Seele an ihm.

Dies scheint dir so. Ob der Himmel sie
für einander bestimmte, bleibt noch sehr zu fragen
übrig.

Sie ist ein Mädchen von Bedacht und Ver=
stand, offen und rein wie der Morgenhimmel.
Froh und unverdrossen geht sie zur Hauptstadt,
ist pünktlich wie ein Betglöckchen und Jedermann
lobt ihr ehrenwerthes Reden und Betragen. Bli=
cken wir in den Garten, wie sie mit Sinn und
Neigung ordnen und leiten hilft, wie unter ihrer
Sorge und Pflege so Manches geräth, wie sie
die jungen Blümlein dahin zu bringen weiß, wo
sie gehörig und gedeihlich Licht und Schatten
erhalten: sollte sie für sich selbst nicht sorgen,
nicht wissen, wer ihr Herz verdiene, wem sie
es gebe? —

Du hast allzeit Einwendungen, machst mich
jedoch nicht irr in meinem Vorsatz.

Ob sie der Himmel für einander bestimmt?
Wie du so etwas sagen kannst. Oh, schau sie
einmal an, wenn er bei ihr ist, und die Freude,
die aus ihrem Antlitz leuchtet, wird dir Antwort
geben. Sieh dein Kind, wie sie ihn empfängt,

wenn er einmal ein paar Tage nicht hier war, wie ihr Auge strahlt, ihre Arme ihn umschlingen mit einer Leidenschaft, die mich fast ängstigt, die nur mit dem Tode enden wird. Und dann betrachte ihn, überzeuge dich, wie ihre Liebe ihn beglückt, wie er sie vergilt. Es zeigt sich in ihrem Wesen etwas Ungewöhnliches, das von dem anderer Mädchen abweicht. Aber ich erkenne es mit Freude; es ist göttlichen Ursprungs, also gut. Und darauf hinzusehn, sind wir schuldig dem Heile unsrer Tochter. — Wäre Heinrich nur erst ganz wieder der unsrige.

Ich kann den Loskauf, der mir große Kränkung bereitet, schlechterdings nicht verwirklichen.

Heinrich und Magdalene traten herein.

Hörtet ihr's schon? vertraute Magdalene geheimnißvoll. Vergangene Nacht war's wieder mal nicht richtig in der alten Mühle. Als ich am Wolfsgrund vorüber ging, schoß es plötzlich; ich wäre vor Schreck beinah in die Erde gesunken. Darauf kam der alte Kurt hinter einem Baum hervor, lachte und sprach, das wäre bloß eine Vorbereitung auf weit erschrecklichere Dinge — in der Mühle hätte es wieder gewandert — —

Du bringst immer was Wunderbares mit,
sagte die Mutter.

Ja, und es graute mir, ehe er anfing.
Horcht nur: Tief in der Nacht wären auf einmal die Räder stehen geblieben in der Mühle,
es hätte furchtbar gerumpelt und gerollt, und
durch die Hinterthür, die nach dem Eschenwald
führt, wären dreizehn Reiter auf schwarzen, fun-
kensprühenden Rappen in die alte Mühle hinein-
geritten. Nach einer Weile hätte man die Müllerin gellend laut lachen, bald nachher aber schreck-
lich winseln und heulen hören. Nun hätten die
Räder wieder geknarrt, hätten nach und nach sich
wieder in Bewegung gesetzt — Tagesanbruch
wäre Alles stockstill gewesen. Seltsame Klauen-
und Menschentritte ständen aber noch sichtbar im
feuchten Erdboden. —

Begleitete Kurt dich bis hieher? fragte Walter mit verdrießlicher Stimme.

Nur bis zum Bachgraben, antwortete Magdalene; er kommt und verschwindet immer wie
ein Geist.

Einsam gelegne Mühlen, fiel Braband ein,
haben immer etwas Unheimliches und waren von

jeher Orte dunkler und blutiger Ereignisse. Kaiser Karl soll in einer Mühle das Licht der Welt zuerst erblickt haben; Kaiser Heinrich der Dritte in der Klostermühle von Hirsau geboren, Markgraf Egbert in einer Mühle lebendigen Leibes durchsägt sein; Leopold von Oestreich, viele Fürsten, hohe Frauen, Kriegshelden, die hier Zufluchtsörter suchten, starben eines außerordentlichen Todes in Mühlen — ich möchte nicht Waldmüller sein. Von Sturm und Regen überfallen, übernachtete ich einst in einer Mühle im Walde. Das morsche Gebäude schütterte vom Unwetter gerüttelt; die Räder rauschten, die Wellen gischten und rangen mit einander wie Streitende auf Tod und Leben; ängstlich klang das Mühlglöckchen. Ich lag allein in einer Schlafkammer, die mir ein verdächtiger Kerl mit der Leuchte angewiesen. Da es still wurde, kam der Mond aus finstern Wolken und malte Gestalten auf den Boden. Machte ich die Augen zu, so war's, als streiche eine kalte Hand mir über's Gesicht. Dumpfe Fußtritte fern und nah. Ich stand auf, schob das Fenster zurück — da saß eine feueräugige Waldeule mit struppigem Gefieder und blies mich an. Im Thalgrund schlug eine Glocke. — Nein, ich bin nicht furchtsam, aber Waldmüller möcht' ich nicht sein.

Es bangt einem ordentlich bei solchen Geschichten, klagte Magdalene.

Gut, daß wir von der Mühle reden, nahm Walter das Wort. Zur Strafe, dergleichen Dinge wieder angehört und mitgetheilt zu haben, sollst du, Mädchen, jetzt in die Mühle gehen und dich noch einmal fürchten. Heinrich mag dich begleiten, wenn er Lust hat. Melde dort eine Fuhre Waizen an, welche zu baldiger Mahlung morgen schon abgeholt werden kann. — Er hoffte damit zur Wiederanknüpfung eines friedsamen Verhältnisses, das seit geraumer Zeit zwischen beiden Nachbarhäusern durch Geringfügigkeiten war getrübt worden, die Hand zu bieten. — Magdalenen, welche längst einen Besuch dahin beschlossen hatte, war es lieb, eine gute Gelegenheit dazu zu finden.

Die Mühle lag eine halbe Stunde entfernt im felsigen Thal, wohin ein schattiger Weg führte. Huck, der Müller, war schon alt; er hielt sich meistens hinter den Mehlsäcken auf und

kam blos zur Essenszeit oder wenn es die Müllerin, seine zweite Frau, erlaubte, in die Stube,
wo er, nach eingeführtem Hausgesetz, nicht viel
sagen durfte. Die Müllerin, die ihn als hab-
süchtige Altjungfer geringen Herkommens seines
Vermögens wegen und in der Hoffnung zum
Mann genommen, daß er es nicht lange mehr
machen werde, war noch rüstig und beweglich,
und wer nur einmal in ihre stechenden Augen,
auf ihre scharfe Nase, die sie, den Umständen
nach, geschickt zu richten und zu rümpfen verstand,
geblickt, wer ihren mündlichen Vortrag hatte kennen lernen, wenn sie, wie oft geschah, mit den
Mühlknappen zankte und zürnte, wobei sie so
laut war, wie ein Frohnesel, der täglich, von
Fruchtsäcken gebeugt, am Thorweg stehend, über
die Sonnenhitze sich beschwerte, ahnte, aus welchem Gelichter sie abstamme, und ging ihr, wie
der Schlange, die im nahen Gefels nistete, gern
aus dem Weg. Kinder hatte sie nicht; das einzige aber, das sie das ihrige nennen mußte, die
erheirathete Tochter, wurde von ihr mit großer,
stiefmütterlicher Härte behandelt, die das arme
Mädchen mit Geduld ertrug. Schon als Kinder

hatten Anndort und Magdalene glückselige Tage
verbracht, welche nach dem frühen Hinscheiden der
guten Mutter endeten. In der nun folgenden
Zeit ihres Aufblühens schien der Mädchen Freundschaft erkalten zu wollen, und sie sahen sich selten. Ein Umstand, der seinen Grund fand einmal im der Abneigung der Mutter gegen das Waltersche Haus, dem sie dessen Wohlstand, den es
besaß, nicht gönnte; dann in Heinrich Braband,
dem hübschen, braunen Jüngling, der ihrem Ein-
fluß ein Jägeramt auf Rodenstein verdankte und
der nach ihrer Berechnung, demnächst mit Anndort verbunden, jener Burg immerdar sollte angehören. Sie selbst hatte zu Lebzeiten der vori-
gen Frau von Rodenstein dort zugebracht, für
geleistete wichtige Dienste die Gunst des Herrn
von Rodenstein erfahren und ihm die alte Mühle
mit dem alten Müller zu danken. Mit dieser
und anderen werthvollen Verleihungen war ihr
jedoch noch nicht genug gethan. Sie zählte auf
erheblichere Ritterpflichten und strebte nach nichts
Geringerem, als die gegenwärtige, noch im jugendlichen Alter stehende Burgfrau dem Günstling zu
verdächtigen, zu verdrängen und an deren Stelle

sich zur Herrin der Burg erhoben zu sehen. Dies
kostete einige Arbeit, aber ihr bangte nicht; denn
eine Frau von bösem Gemüth hat Willen und
Ausdauer. Unterdessen beeiferte sie sich, dem
Ritter ihre Anhänglichkeit zu beweisen, und war
um so lebhafter bemüht, den Jäger, der die wüste
Burg verlassen wollte, zu bewegen, seines eignen
Wohls wegen an Ort und Stelle zu verbleiben,
auszuharren in der ruhelosen Zeit, in welcher
der Ritter bedürftig wäre der edlen Dienstman-
nen. Dabei suchte sie ihn unter allerlei schönen
Vorspiegelungen und Verheißungen in die Mühle
zu locken, an ihre Tochter zu ketten, während sie
dieser alle Gemeinschaft mit der Familie Walter
untersagte und des Glücks gedachte, das ihr werde
zu Theil werden, wenn sie klug und folgsam der
unmittelbaren, mütterlichen Leitung nachlebe. —
Anndort war eine üppig blühende Mädchengestalt,
ihre dunkelen Augen flackerten wie Lichter, nacht-
schwarzes Haar, das eine geschickte Hand gut zu
flechten und verlockend mit erwähltem Tanz- und
Funkelband zu putzen verstand, beschattete ihre
vollen Wangen. Die jungfräuliche Magdalene
hingegen in ihrem einfach leichten Gewand, das

rehschlanke Lenchen, die, um zu gefallen, des Puz=
zens nicht bedurfte; Lenchen Walter in ihrem be=
scheidenen, kindlichen Wesen, den hellen, blauen
Blicken ihrer Augen, aus dem ein goldächtes Ge=
müth leuchtete, wie vortheilhaft wich sie von der
übervollen Freundin ab, der alle Vorzüge des
Heitern und Lieblichen, mit welchen sie so reich=
lich begabt war, mangelten. Und es war also
leicht zu ermessen, welche von Beiden dem Jäger
müsse die liebste sein.

Die Felsenmüllerin, eines solchen Besuchs
nicht erwärtig, empfing die Kommenden kalt. —
Ei, sehn wir uns auch wieder mal? fragte sie
Magdalene. Und was wirb's denn sein, was
dich in die Mühle führt?

Euch zu besuchen, entgegnete Lenchen. Ann=
dort war mir allzeit lieb, ich bin immer gern hier
gewesen; da mir aber scheint, als hege sie gegen
mich nicht mehr die alte Gesinnung, so ist's an
der Zeit, sie einmal darüber zu Rede zu stellen.

Lieb Lenchen, versetzte Anndort, du bist mir
noch eben so willkommen, wie in den vergange=
nen Tagen; ich habe dich nicht vergessen. — Seuf=
zend warf sie einen heimlichen Blick auf die Mutter.

Nun, das heiß' ich doch einen Gegengruß, rief Magdalene. Ihr seid doch sonst wohl, Frau Huck?

Danke der Nachfrage, sprach die Müllerin mit etwas höhnischem Ton, indem sie ernsten Auges der Tochter Stillschweigen gebot und herrisch fortfuhr: Alles ändert sich in der Welt. Ihr Mädchen seid raus gewachsen aus den Kinderschuhen und das Tanzen und Ranzen hat ein Ende. Zu euch kann sie nicht kommen, wir brauchen sie im Haus; und Genossen, Vergnügen, Garten, Blumen hat sie daheim; was soll sie darnach ausgehn.

Kurz weggeredet und doch nicht erfreulich. Ist auch vergangen die Zeit unsrer kindlichen Spiele, so soll doch unsre Liebe nicht vergehen. Ich glaube aber, ich thue meiner Gespielin Unrecht, wenn ich an ihrer treuen Gesinnung zu mir zweifle. Die eurige, die eurige, Frau Huck, scheine ich verloren zu haben. Bekennt also, was ihr gegen mich habt, damit ich offen darauf antworte.

Die Müllerin, welche that, als hörte sie diese Frage nicht, stöberte aufräumend umher, warf einen Krug in den Schrank, daß er zerschellte,

und ging hinaus, wo man sie fortpoltern hören
konnte. So verstimmt und murrköpfig hatte Len=
chen diese Frau niemals gesehen. Sie bat ihr,
da sie nach einer Weile wiederkam, noch einmal
die Hand, versuchte Dieses und Jenes anzugeben;
allein es kam zu keiner heitern Stimmung der
Gesellschaft. Magdalene wollte also eben, auf
den Antrag Heinrichs, mit Anndort hinaus in
den Garten gehn, als sich ein Auftritt ereignete,
der ihr das Hiersein verbitterte und dem Besuch
ein schnelles Ende machte. — An der Hausthüre
hatten Kinder vorüberziehender Wandersleute sich
eingefunden und um einen Trunk Wasser und
ein Knörzchen Brot gebeten. Die Müllerin hatte
sie nicht so bald wahrgenommen, als sie, gleich=
sam um ihrem unterdrückten Zorn über den un=
willkommenen Besuch Luft zu machen, das Fen=
ster lärmend aufstieß, die Armen mit Schmäh=
namen überlud und den Knechten befahl, das
Bettelpack mit Hunden aus dem Mühlengebiete
zu hetzen. Beim Abschied gab Anndort Heinrich
einen Wink; Magdalene bemerkte es, nahm aber
in ihrem arglosen Herzen nicht Acht darauf; in=
deß sie dem alten Müller, der ihres Wiedersehens

sich freuete, freundlich zusprach und des Auftrags
ihres Vaters sich entledigte.

„Zur Strafe sollst du dich noch einmal fürch=
ten,“ sprach Magdalene auf dem Rückweg. Ach,
Vater, ich bin bestraft worden, habe mich gefürch=
tet, als wär' mir der Erzböse begegnet. — Und
Heinrich, hör': Wie abgelebt, wie verfallen lag
unser sonst so schön Mühlgärtel am Graben!
Noch immer rann der Bach, aber traurig rann
er; kein Blümchen guckt ihm mehr nach. Als
wär' ich heut' zum letztenmal in der Mühle ge=
wesen, gerad' so war mir.

Nimm die Sache nicht ernster, als sie ver=
dient. Jeder Mensch hat seine mißvergnügten
Tage, an welchen man ihm nicht begegnen darf.
Vielleicht bessert sich das zanksüchtige Weib in
der Folge. Wir wollen's hoffen.

Als Beide nach Haus gelangten, standen
die vertriebnen Kinder mit ihren Eltern hinter
dem Gitter und schauten mißtrauisch in den
Hof. Es war eine ganze Familie — Vater,
Mutter, Töchter — die aus dem Schwarzwald
kam. Alle waren dürftig gekleidet. Die Mäd=
chen, in verwaschenen, kaum die Waden decken=

den, rothen Röckchen und engen Kattunkäppchen,
guckten ehrlich aus schwarzbraunen Gesichtern,
auf denen noch der erlittene Schmerz zuckte. Die
Alten trugen in Rückenreffen selbst verfertigte
hölzerne Teller und Löffel; die Kinder in Gebun=
den kleine Besen von geschältem Birkenreis. Mag=
dalenen klopfte das Herz bei ihrem Anblick. Sie
hieß alle hereintreten, eilte hinweg und kam mit
wachsgelbem Hausbrot und Milch, das sie ihnen
auf einem Tisch unter einem Ahornbaum des
Hofs austheilte. Klein und Groß erfreute sich
der Gabe, dann machten sie sich wieder auf. Die
dankbaren Eltern drückten der freundlichen Spen=
derin die Hand. Von den Mädchen, die sich
ganz fröhlich geschmaust hatten, gab ihr jede ein
Andenken, nachdem sie vereint ein altes Lied
von der Schönheit des Sommers gesungen, wel=
ches durch belustigenden Vortrag der Jäger er=
götzte. Magdalene aber sah ernst zum heitern
Spiel; sie gedachte der Noth der Armen, die in
Wind und Wetter barfuß über Berg und Thal
pilgern und kümmerlich ihre Nahrung suchen
mußten; beschenkte alle reichlich und sah ihnen

gerührt nach, bis ihre Gestalten in der einbrechen=
den Dämmerung verschwanden.

———

Die Morgensonne vergoldete die Bäume und
Blumen, die Vögel sangen, der Himmel war
blau.

Base Benedikte von Babenhausen! rief Mag=
dalene am Fenster uud flog hinab.

Die Nahende stieg aus dem Wagen.

Nun, mein Kind, sprach sie, von Magdalene
freudig umschlungen, ich sehe, du bist noch fix
und flott wie die Grundel im Bach, und dein
Mäulchen schmeckt wie Frühling. Sei gegrüßt
von ganzer Seele! — Oh, wie einem hier wohl
wird! das ist ein Unterschied, kräftige Bergluft
und unkräftige Stadtluft. Welch ein Duften,
welch ein balsamisches Hauchen der Natur! Das
labt, das stärkt! —

Die herankommenden Hausleute führten die
willkommne, längst erwartete Freundin in das von
ihr gemeinlich bewohnte Zimmer.

Die kleine Matrone ließ sich nieder auf be=
quemem Armstuhl. Man sah in ein Angesicht

mit seinen Zügen, in ein klares, von sanften Wim-
pern beschattetes Auge, aus dem die Kraft der
Seele sprach. Ihr dunkelbraunes Gewand war
einfach. Eine weiße Spitzenhaube, wie sie fürst-
liche Frauen damaliger Zeit trugen, deckte ihr
Haupt bis zu den Schläfen und erhöhte das Ehrwürdige ihres Ansehens. Frau Benedikte hatte
ihren Gatten, den Freund und Vertrauten des
Grafen Philipp von Hanau, früh verloren und
bald darauf den schmerzlichen Verlust ihrer drei
Kinder, welche eine herrschende Krankheit ihr entriß, zu beklagen. Der feste Glauben an den
Höchsten, der aus Dunkelheit Licht werden läßt
in der zagenden Seele, hatte sie wieder aufgerichtet mit neuem Lebensmuth. Sie war nun
allein, ohne Verwandte, ohne Freunde. Da wurde
sie der jungen Gräfin, was Rath Heinbert, ihr
Gatte, dem Gemahl gewesen, eine geliebte, unent-
behrliche Freundin, nahm an allen Hausesfreu-
den und Festlichkeiten Theil, folgte der Gräfin,
wenn der Hof das benachbarte, angenehm um-
laubte Sommerschloß Babenhausen bezog und
sah der Zukunft ruhig entgegen. Frau Benedikte
— oder wie sie außerdem von Magdalene noch

»Frau Base« gern sich nennen hörte — war eine
fromme Matrone, belebt von der reinsten Men=
schenliebe. Nie unthätig, stets beschäftigt, „wir=
kend so lange der Himmel ihr Licht und Kraft
vergönne,“ forschte sie in den Stunden, die sie
bie ihrigen nannte, am liebsten im Geschichtsbuche
der Vergangenheit, um aus den stummen Denk=
malen der menschlichen Größe und Hinfälligkeit
zu schöpfen und zu gewinnen für den sehnenden,
rastlos fortschreitenden Geist. Und wenn es auch
Einigen kein Geheimniß war, daß sie mehr als
Zerstreuung suchte in den alten Pergamenten und
Handschriften, selbst schrieb und Lieder verfaßte,
die den lobsamsten verdienten zugezählt zu werden;
so bemühte sie sich doch, ihre Schriftstellerschaft
möglichst geheim zu halten, weil sie nicht glänzen
wollte. Es gewährte einen eigenthümlichen An=
blick, Benedikten an einer Tafel des einsamen
Schloßbüchersaales, beleuchtet von zwei hellen
Kerzen, aufmerksam lesend sitzen zu sehen. So
fand sie öfters die Gräfin, welche den Saal be=
trat uud theilnehmend auf ihre Blätter blickte.
Ruhig erhob die Lesende das Auge und sprach:
Heute findet ihr mich nicht unter Kaisern und

Königen, noch in Manessens Minnesängerhallen; sondern wiederum bei der jüngst entdeckten Lebensgeschichte der Landgräfin Elisabeth von Hessen, die wir in dieser sorglichen Aufzeichnung dem Johannes Rohde, einem Geistlichen zu Eisenach, verdanken. Sehet die Fürstin selbst — fuhr sie belebter fort, indem sie auf eine Abbildung zeigte, welche an der Spitze des zierlich, hin und da mit blinkenden, großen Goldbuchstaben versehenen Werkes sich befand, — sehet, liebe Gräfin, hier Elisabethen, die edle Dulderin, in deren Leben und Sterben eine so reiche Lehre liegt. Das weiße Gewand — ihr Hochzeitkleid — ein Goldband, das ihr Stirnhaar in gleiche Theile sondert, der blitzende Smaragdring*) an der Hand sind ihr alleiniger Putz. Der Künstler zog diese Einfachheit dem pomphaften Königinnenschmuck vor, fühlend, daß solch ein Antlitz der Sanftmuth und Hoheit nicht bedürfe der äußern Pracht. Betrachtet diese Bilder der Gattenliebe und Treue,

---

*) Elisabeths Trauring fiel an Ernst den Frommen von Gotha, mit dem Zusatz der Sage: daß das Haus Gotha nach Verlust dieses Ringes aussterben werde. Der Ring soll gegenwärtig im Besitz des Fürsten von Solms-Braunfels sein.

der Freude und des Schmerzes, die in diesem Buche so schön und wahr geschildert sind; und ihr werdet euch tief davon bewegt fühlen. Denkt euch dann hinzu den feierlichen Tag zu Marburg, da Kaiser Friedrich, der Hohenstaufe, von Tau=senden, unter ihnen der junge, noch unbeachtete Rudolf von Habsburg, umgeben, ihren Sarg öffnete und eigenhändig das Haupt der Königs=tochter mit einer goldenen Krone schmückte — — Da dünkte es der Gräfin und den nachfolgenden Frauen, die in der Ferne zugehört hatten, als sähen sie ein Wesen höherer Art, zu dem sie sich auf's innigste hingezogen fühlten. — Wurde Be=nedikten das Hoftreiben zu lebhaft, dann sehnte sie sich nach Freiheit und suchte, sobald der Graf und die Gräfin eine Reise unternahmen, die länd=liche Abgeschiedenheit in einem leichten Fuhrwerk, das ihr zu Gebot stand. Und so war ihr auf einer dieser Erholungsfahrten nach dem Odenwalde die Familie Walter bekannt und lieb geworden.

Erfrischt und erfreut euch nun auch gehörig und gründlich bei uns, liebwerthe Frau, sprach Walter; wir hoffen eure Zufriedenheit uns zu erwerben. Wie verlautet, gings dieser Tage im

Schlosse recht lebendig her, und ihr mögt die
Unruhen empfunden haben.

Der Himmel weiß es, versetze Benedikte.
Es war ein Lusttag sonder Gleichen, von dem ihr
euch in eurer blumigen Waldklause keinen Be=
griff macht. Aber erzählen muß ich euch von
dem wilden Trarrah, der uns heimsuchte. — Es
war Sonntags gegen Abend, da Friedrich, Kur=
fürst von der Pfalz, nahte mit großem Gefolge,
um, wie es zugelobt, nach Beilegung obwalten=
der, kriegerischer Zwiste im Schlosse dahier einen
frohen Rasttag zu nehmen. Trompeten, Heer=
pauken und Zinken, die alle Fenster erklirren
machten, verkündeten den erscheinenden Gast. Rit=
terlich wohlbewappnet, schimmernd von Kopf bis
zu Fuß, ritt Friedrich ein rabenschwarzes Roß,
und die Freude blitzte aus seinen Augen. Kein
Wunder. Die angenehme Erinnerung an die
gewonnene Schlacht von Seckenheim, die dem
selbgewandten Fürsten neuen Ruhm und Reich=
thum zugebracht, die festlichen Mahlt, von wel=
chen er kam, mögen allerdings dazu geeignet sein,
ein Herz zu erheben. Dies war es aber nicht
allein. Neben ihm auf weißem Zelter mit perli=

gem Gezäum, die Decke mit Silberglöckchen behangen, saß im hohen, nickenden Federhut und
kostbarlichen, dunkelrothen, von Goldhefteln zuge-
häkelten Sammtgewand die schöne Klara von
Detten, die jüngst er sich erkoren unter den Schönen des Landes, in Wohlichkeit des Gefühls
lächelnd und hold umherblickend. Ein Mohr ging
ihr zur Seite und trug einen Hermelinmantel.
Viele bekannte Heerführer befanden sich unter
dem Gefolge: die Grafen von Ziegenhain und
Katzenelnbogen, die Ritter Budenzahn, Sickingen,
Zuckspatel, Rappelstein und der kugelrunde, wegen seines Vergehens gegen den Kurfürsten wieder zu Gnaden angenommene Erzbischof Diether
von Mainz, dem das Reiten schier unbequem
schien, und den Mancher wohl eher für einen
weltlichen, als geistlichen Herrn wird gehalten
haben. So ging der Zug durch das blumenbe-
kränzte Schloßthor, bejubelt, verfolgt vom Volke,
das die Wälle erklettert hatte. Und nun klirrten
und gamschten Schwert und Sporn rechts und
links die Treppen empor. Der Aufruhr hatte
sich allen Schloßgegenden mitgetheilt. Aus der
Küche im Erdgeschoß, wo Wildpret zerhauen und

dampfende Kaftrollen gerührt wurden, drang die
ganze weißbeschürzte Dienerschaft. Abraham Voll=
brecht, der glühroche, wohlbeleibte Mundkoch,
stand, die weiße Spitzmütze unter den Arm, vor
seinen Untergebenen und drohte den muthwillig
lachenden Lehrlingen mit erhobenem Zeigefinger.
Aus den Dachkammerfenstern guckten neugierige
Leinwandsfrauen und Bleichjungfern nach der
Braut sowohl, als nach den hübschen Rittern, die
ihnen zu gefallen schienen. Wie eine Sonne
glänzte meine Gräfin, welche im reichen, höchst
geschmackvollen Staatsputz neben dem Grafen die
Familie empfing. Die Schloßfräulein wachten
mit allem Fleiß, damit keine ihrer Haarlocken und
Kleidfalten eine falsche Richtung nehmen, kein
Nädelein unbemerkt ihrem florleichten Brusttüch=
lein entschlüpfen und leuchten möge ihre Schön=
heit in vollen Lichtern. Andern Tags an festlich
geschmückter Tafel des großen Speisesaales entfal=
tete sich erst die wahre Lust und Freude, die in
aller Augen zu lesen war. Nun hob Herr Kas=
par von der Rhön, der gewandte Minnesänger,
ein Lied an, das er eigends gefertigt hatte zum
Lobe des hohen Brautpaars, ganz in der liebli=

chen Reimweise Walters von Klingen, des uns
allen wohlbekannten Dichters, welches in der
Menge recht zusprechlichen Anklang fand und zu
manch freundlicher Nickung und süßem Geflüster
Anlaß gab. Darauf belebte der Kurfürst die
Versammlung mit heiterer Schilderei der zu Heil=
bron und Heidelberg gegebenen Siegesfeste, der
nicht selten, ihrer Anmuth sich zu ergötzen, auf
das Fräulein blickte, deren Augen glühten, deren
Wangen blühten im höhern Roth einer glückseli=
gen Heldenfürstenbraut. Zutraulich sprach der hohe
Gast mit allen Rittern, allen Frauen; wußte Je=
dem ein gutes Wort zu sagen, und nahte endlich
sich auch mir, da ich eben im Zwiegespräch mit
Sickingen eurer und eures Blumenschlosses, als
meines liebsten, sommerlichen Erholungsortes, ge=
dachte; begrüßte mich gar herzlich unter darge=
reichter Rechten; erkundigte sich nach meiner Le=
bensweise und fügte hnizu: Ihr seid noch im=
mer rüstig und blickt gesund aus euren Augen,
liebe Räthin. — Ein mürber, hohler Baum, der
bald brechen wird, gnädiger Herr, versetzte ich.
— Hoh, was euch beliebt zu sagen! rief er aus.
Denkt der bejahrten Eiche, des Stammes der

Wiesenweide denkt. Dahin scheinen Kraft und
Kern, und doch tragen beide durch Sturm und
Wetter lange Jahre noch grüne Zweige und
Blüthen. Der Himmel lasse es euch wohl=
ergehen! — Der gütige Herr! Ach, es war eine
schmerzliche Erinnerung an die Vergangenheit, an
eine Zeit, da Heinbert, mein Gatte, noch die frohe
Jugend mit ihm theilte und wir uns öfters sahen in
den schönen Gefilden des Rheins. Er steht noch
kräftig da; mich hat der Kummer alt und grau
gemacht. Es war nur ein Augenblick; doch ist's
schön, wenn ein Fürst das Herz hat, mit dem
Geringen ein freundlich Wort zu wechseln. —
Der Kurfürst erschloß hierauf, empfangen von der
Hand Meister Kaspars, ein zierliches Kästchen,
hob daraus eine flimmernde, werthreiche Gold=
kette und hing sie demuthsvoll der Gräfin um den
Hals; welches Geschenk, der Sage nach, mit je=
nem gegebenen Versprechen, dereinst Einkehr zu
nehmen im Schlosse, verknüpft war. Es läßt
sich denken, wie sie aufgenommen wurde. Und
in der That, sie war dazu geschaffen, den blen=
denden Hals der jugendlichen Gräfin zu verherr=
lichen und einen Anblick zu gewähren, welchen ich

auch euch gegönnt hätte. Der Graf verehrte dagegen Friedrichen das schöne Bild des heiligen Johannes, des Erbauers von Jerusalem. — Endlich schmetterten die Abschiedsdrommeten der hohen Herrlichkeit, Graf und Gräfin begleiteten den Kurfürsten auf mehre Tage. Ich freute mich darüber, denn nun wurde mir möglich, euch, meine Theuren, heimzusuchen und Odem zu schöpfen in diesem unvergeßlichen Thale.

———

Der Base Blick weilte freudig auf Magdalene. Wie schnell ein Mädchen erwächst, dachte sie. Heute ein unbeachtetes Kind, ist sie in einem Jahr eine blühende Jungfrau, die aller Augen auf sich lenkt. Sie hatte so viel zu fragen. Sie musterte des Mädchens Anzug, versuchte, dem schönen schweren Haar, das ihren Nacken umwallte, neue, zeitgemäße Ringelformen zu geben, legte dann unvermuthet eine feine Perlenschnur mit zierlichem Silberschlößchen um den Hals der Ueberraschten und umfing ihre Arme mit angenehm spannenden Spangen. — Sieh, fuhr sie fort,

ich ahme heute die hohen Herrschaften nach und
besuche und beschenke dich, jedoch nur mit Klei-
nigkeiten, so die frankfurter Messe dir mitgebracht
hat. Bewahre deine Arme, deren Feinheit und
Rundung Lob verdienen, ganz besonders. Arme
und Zähne gehören zu den ersten Zierden der
Frauen; jene schattiren und veredlen den Körper,
diese erhöhen der Rede Anmuth und versüßen
den Kuß. Nimm und trage beides zum Andenken an diesen Tag; sehe noch einmal in den
Spiegel, und dann laß uns in's Freie gehen, wo
du mir erzählen magst von Heinrich und deinen
bunten Pfleg= und Lieblingen der Flur.

Magdalene führte die Freundin, deren Güte
sie schon so manche bleibende Erinnerung dankte,
hinab in den Garten. Benedikte drückte ihre
Freude und Bewunderung aus über die maaß-
lose Fülle des Segens, den die Natur dem Walterschen Blumengau zugemessen hatte. Sie glaubte
niemals eine blühendere Aue gesehen zu haben.

Ihr kommt zu selten, liebe Base, und genießt
des klingenden, singenden Sommers zu wenig.
Kommt öfter, macht ins künftige an eurem Na-
menstage, den der Frühling bringt, den Anfang;

und ihr werdet wie nichts hundert Jahre alt
werden zur Freude aller Menschen. Die ersten
Frühjahrstage sind die beseligendsten. Die grü=
nende Erde nimmt Aug' und Sinn in Anspruch,
das Herz hebt sich, und es ist eine Himmelslust,
kommen zu sehn den Schmuck des Jahrs in Knos=
pen, Läubern, Blüthen, unzähigen Thierlein mit
gesunden Gliederlein, die hübsch da sein wollen;
zu hören die Lerche, den Fink und das Summen
und Schwärmen der lieben Bienen um die Jo=
hannes= und Klosterbeerbüsche. — Unter den frucht=
tragenden Bäumen werdet ihr manche vermissen,
manchen schönen Anwuchs bemerken. Seltsam ist's
mit den Bäumen. Sie haben von Jugend an
Zucht und Pflege erhalten; dennoch sind, wenn
wir etwa den Kirschenbaum ausnehmen, fast
alle im Stamm und Zweig ungleich, ja krüppelig
emporgewachsen, indeß die pflegelosen, sich selbst
überlassenen Bäume des Waldes in erstickender
Enge und Menge neben einander schön und gerade
in die Höhe gehn. Nun heißt es, die Kirschen
wären vor Zeiten rohe Vogelbeeren, die Aepfel
und Birnen Holzäpfel, Holzbirnen gewesen und
durch Erziehung und Sorgfalt erst zur Verede=

lung gelangt. Wie waren denn die Bäume und Früchte des Paradieses, Aepfel, Feigen, Pfirschen, Zitronen beschaffen? Selbige Frage gewendet auf die Blumen, deren fortschreitende, sich vervollkommnende Schönheit, wie behauptet wird, wir der fetten Nahrung, Hut, Verpflegung verdanken: Welche Blumen blühten im Paradies? Welche in dem Wundergarten der Königin Semiramis zu Babylon, von dem ihr mir einstens erzähltet? Von welcher Größe, Menge und Farbenpracht waren die, welche blühten, da Jesus der Herr, auf Erden wandelte?

Ihrer natürlichen Bestimmung nach, sprach die Base, haben die Bäume wohl niemals anders ausgesehen, wenn sie auch durch Pflege und Behandlung mögten veredelt worden sein. Mache, was den Obststamm betrifft, einmal den Versuch, nehme den Holzapfelbaum aus der Wildniß und sehe, wie weit du damit kommst. Von welcher Größe und Stärke die Zeder, der Taxus, Algorabo und Dattelbaum, wie hoch und schön Myrten, Tamarisken und andere Pflanzen und Sträucher des Paradieses gewesen, sagen uns die alten Kirchenväter nicht. Ein Gleiches gilt von den Blumen,

von welchen verschiedene durch Umpflanzung und
künstliche Mittel zu schönen Abarten können ge=
bracht werden. Was müßte aus den Bäumen
und Früchten, was aus manchen Blumen gewor=
den sein, wären sie steigendermaßen zu verherr=
lichen gewesen.

Angaben von der Zeit der Entstehung und
Verbreitung unsrer heimischen und eingewanderter
Blumen habe ich noch nirgends gefunden.

Für Gewisses muß Wahrscheinliches genü=
gen, versetzte Benedikte. Es ist anzunehmen,
daß durch Reisende, die seit Jahrhunderten die
Welt besuchen, durch Wandervögel, Windstürme
viele Pflanzen aus fernen Ländern nach Deutsch=
land gekommen sind, viele schon lange im Ver=
borgenen geblüht haben, ehe der Naturforscher sie
entdeckte. Daher wohl schwer zu bestimmen, wann
und in welchen Gauen diese und jene Pflanze
zuerst gesehen worden und ob zum Beispiel die
Lilie, die wir schon aus der ältesten Kirchensage
kennen, im Anfang des zwölften Jahrhunderts,
wo sie im Wappen des Königs von Frankreich
vorkommt, damals schon Zierblume der Gärten
gewesen sei. Die Namen der Blumen verändern

sich; jedes Land, jeder Gau hat seine besonderen
Bezeichnungen.

Lacht euch das Herz, Base, so bin ich glück=
lich. Guckt, wohin ihr wollt. Alles blüht in
den mannichfaltigsten Abstufungen vom hohen Nä=
geleinbaum, dessen herzförmiges Laub grün und
unverwelkt ins Grab sinkt, dem großen Zacken=
blatt des Weinstocks, das kein Wurm benagt,
bis zum niedrigsten Baumsprößlein. Wir ver=
schmähen nicht, zu achten auf die geringste Blü=
the; denn schön und der Liebe werth sind alle
Blumen. — Aus dem Nadelgras hier schauen
Marienröslein, Osterblümchen, Pfingstnelken, Weiß=
köpfchen, Blutblumen sehen einander an, Kamil=
len, Rothröckchen, Buckelblumen reichen sich die
Hände. — Hier giebt es Widderhörnlein, Trom=
meln = Buntkraut, dem Hahnenkamm verwandt,
Goldkugeln und Blauäuglein, die sich einander
etwas erzählen. Still steht dabei die duftreiche
Nachtblume im einfachen Gewand. Seht euch
das Siebenpunctpärchen an, hier auf den ge=
senkten Schötchen der Bergwicke, das nach der
feindlich gesinnten Ameise herab schaut, die mit
schwerem Ei mühsam durch die krausen Halme

arbeitet. Auch zur Luft und Labe der kleinsten
Thiere und Nacktwürmchen sind Blumen geschaf=
fen, die zwischen ihren Sproſſen und Schaukel=
blättern wohnen, in kräftigendem Duft und Thau
Sättigung, in farbigem Bettchen Ruhe finden. —
Die große, fünfblättrige Stiefmutter oder das
Siebenfarbenveiel findet ihr hier: vorn auf brei=
tem Stuhl ruht die Stiefmutter, hinter ihr die
eignen Kinder, hinter dieſen die zurückgeſetzten,
armen Stiefkinder. Die funkelnde Schwertlilie
mit ſchönen Scheibchen, zarten, lichthellen Blät=
tern wird euch gefallen; nicht minder die blau=
rothe Mondblume, der Biſchofshut, das Jung=
fernſchäkel. Schlüſſelblumen und Veilchen ſind
die erſten Blumen des Jahrs. Schlüſſelblumen
ſollen*) um das Grab des Heilands geſtanden
haben. Ihre fünf rothen Kelchpunkte andeuten
des Herrn Wunden. Ueberſehet nicht, Baſe, die
Blume Dorant. Sie riecht gut. Wer ſie, wie's
heißt, aufs Bett legt, wahrt ſich vor den nächt=

*) Volksglaube, der auch in Norddeutſchland vorkommt.
„Uem et Graff det Hehren ſdaht dei Slöbbelblau=
me,“ hörte ich ein Landmädchen bei Braunſchweig
ſagen.

lichen Braunelfen. Auch das Walpurgiskraut,
womit ehmals die Pilger ins gelobte Land gingen, ist schon erblüht. Wollt ich doch, ich könnt'
Euch die viel seltnere Johannisblume, weiß mit
goldigem Saum, womit man Geisterschätze hebt
in der Johannisnacht, zeigen. Meine Mutter
fand sie einst im Garten. Andern Tags war sie
verschwunden. — Dort endlich zwischen Lorbeer-
und Goldapfeln, Feigen, Quitten, die schönsten
Malven, Aurikeln, Nelken, Lianen, Sonnenblu-
men, die Ihr begehren mögt. Auch der Felsen-
bach, den wir hier rollen hören, hat seine Freunde: um ihn heimeln blaue Uferglöckchen, gelbe
Schilfblumen, Susannensterne*), Mäulchen, Meer-
fenchel; auf stiller Tümpelstelle schwebt die See-
rose und das Wasserhorn guckt und nickt in's
Gebusch der lustigen Fischlein.

Dieses Leuchten, Glimmen, dieser zauberische
Farbenschmuck mahnt an die Gold- und Silber-
blumen in den Wohnungen der unterirdischen
Zwerge, und spricht erbaulich und fesselnd zu uns
wie inhaltreiche Schrift. Du bist ein rechtes

---

*) Vergißmeinnicht.

3 *

Blumenkind. Bei so viel Lust und Sinn für alle diese Huldbefohlnen ist deine Liebe zu ihnen erklärlich, deine Freudenernte gewiß.

Das Pflanzen, Verpflanzen, Behüten der Blumen macht Sorgen, belohnt aber auch reichlich. Jede Blume will ihren Boden, Licht und Freiheit. Manche Pflanzen können nebeneinander nicht bestehen; sie vernichten sich gegenseitig durch Wurzeln, Ausdünstung und Blüthenduft. So ist es auch mit manchen Bäumen. Der Apfelbaum, der im Wind der Fichte steht, trägt kranke Frucht; nachtheilig wirkt auf die Tanne der Blüthenmond des Kernobstes. Wer ergründet die Leiden der Blumen und Stauden. Auch Obstbäume können wir sehr lieb gewinnen. Ehrbar, gebeugt wie alte, treue Diener mit tausend Erinnerungen stehn sie vor uns, und es betrübt einen recht, wenn der Sturm einen alten Baum vernichtet, auf dessen Zweigen, in dessen hohlem Stamm die Vögel so lange gesungen und genistet. Aus Liebe zu den Bäumen schloß auch ich mich öfters an die jungen Mädchen, welche nach alter Sitte in der Neujahrsnacht in den Garten gingen, den Bäumen in schönen Sprüchlein, daß sie möchten

gesund bleiben und edle Früchte tragen in diesem
Jahr, Glück zu wünschen. — Ja, die lieben
Bäume, Base! Guckt einmal in die Höhe. Ihr
seht dort die Oeffnung im Bergwald, die dem
Thal seine Kühlung bringt in der Abendzeit, wenn
Sonnenschwüle sich in die Tiefen senkt und die
Blumenhäupter erdwärts beugt. Dort stand noch
vor einem Jahr eine Eiche, größer als ihr
sie je gesehen. Vierzehn Männer umspann-
ten armlings sie nicht. Und diese ungeheure
Eiche sollte gefällt werden, an der zwei Wochen
schon die schwarzen Köhler gehauen hatten. Endlich da der Tag kam, da sie sinken werde, ging
Heinrich mit mir zur Höhe. Base, das war Euch
ein Anblick des Entsetzens. — Plötzlich wurde es
licht in der Höhe, der Himmel sichtbar, und mit
einem fürchterlichen Schlag, der die heftigsten
Donner übertraf, stürzte sie den Abhang hinab
und riß alles mit sich zu Boden, was vor ihr
stand. Viele hundert große und kleine Bäume
krachten und knackten zusammen und lagen zer-
schmettert und aus den Wurzeln gerissen. Die
Aussicht hatte sich geöffnet bis hinab in unser
Thal, allwo die Tauben, Krähen und Mauer-

schwalben, wild geworden durch den plötzlichen
Waldhall, wirr umherflogen; und um uns her
pfiff und summte mancher Vogel, Baumkäfer und
zornige Hornissen, die nach ihren Wohnungen
suchten. Ich sag' euch, Hunderte der schönsten
Baumstämme hatten ihren Tod gefunden unter
dem Leib des alten Riesenbaums. Wie mag es
um ein Erdbeben stehen, wenn ein Baum durch
seinen Fall schon ein solch' Schreckensbild gewährt.

Die Base, nachdem sie ihren Blick in die
Höhe gerichtet, sah Magdalenen an und legte ihre
Hand auf deren Haupt. — Heinrich wird also
kommen und wir werden uns wieder einmal von
Angesicht zu Angesicht sehen.

In diesen Tagen zuverlässig, versetzte Magdalene.

Und Du hast ihn noch so lieb wie sonst,
Lenchen?

Base — ach, wenn ich davon anfange, kann
ich nicht aufhören. Meine Herzliebe gleicht dem
Brünnchen unterm offnen Gotteshimmel. Wenn
es auch hineinregnet, wenns auch trüb wird, es
quillt immer wieder hell auf und hört nicht auf,
zu quellen. Fest steht mein Glaube auf ihn;

das giebt mir Frieden. Möcht' er sein und hei=
ßen was und wie er wollte, ein armer Troßbube,
ein reicher Burgritter, ein armer Schalmeienhirte,
ein begüterter Feldmann. Wie der Tod fragt
auch das Herz nicht nach Namen und Stand.
Und ist es uns nicht gegeben, um damit wohl zu
thun, uns einander zu lieben? Ich bin der Ep=
pichzweig, der um den erwählten Stamm sich
rankt; ich weiche nur, wenn der Stamm vergeht.
Er ist so gut —

Hier, fiel die Base ein, stehen wir gleich vor
dem hochgepriesenen Liebesblumenbusch, der tadel=
losen Rose. Farbe und Duft der Blumen er=
wecken, wie Töne, Stimmungen in uns. Die
Rose mahnt an die schönste Zeit unsers Lebens,
welche doch die der Liebe ist. Der Duft der fei=
nen, fremdartigen Lilie stimmt ernst und feierlich,
wie ein weißes Gewand, in welchem uns Engel
erscheinen. Der weichlichmatte Geruch des Gold=
lacks labt und begeistert nicht. Ihm nähert sich
das Veilchen, mit dem Unterschied, daß sein Kelch
lieblicher duftet, das warme Blau auch mehr
erfreut als Gelb, diese Blume überhaupt als Erst=
ling des kommenden Lenzes allzeit mit Freude

und Begeisterung von uns empfangen wird. Der
Geruch der Schlüsselblume oder des Himmelsschlüs-
sels ist leise; mich dünkt, er mache traurig. Diese
Blume erschien mir allzeit wie eine bloße Gestalt
eines freundlichen Gemüths. Form, Farbe und
Wohlgeruch der Maiblume gemahnen an süße,
nackthalsige Kinder mit beweglichen, glänzenden
Lockenhärlein. Die farbige Tulipane, die durch
unangenehmen Geruch verliert, hat noch das Steife
und Stolze eines breiten, pfauenhaften Hoffräu-
leins, dessen knitterndes Seidengewand frostig
macht. Giftige Blumen können sehr schön sein;
doch wird die Schärfe ihres Blüthenstaubes er-
müden, nicht erquicken. Unser Wohlgefallen an
Blumen ist wohlbedingt, weniger durch ihren
Duft, als durch ihre Farben. Und welchen Ein-
fluß Farben, deren ungeschickte Zusammenstellung,
selbst unter Blumen, völlig verletzen kann, auf
den menschlichen Sinn äußern, wissen Frauen
am besten zu sagen, deren Geschick und Glück
gar häufig auf eine gute Wahl selbiger begrün-
det wird. — Entsprechend steht hier die weiße
neben der rothen Rose. Warum ruht ein so an-
muthiger, rother Schimmer auf der vollen Schnee-

bruſt der weißen Roſe? Das ſage mir einmal,
Lenchen. Es iſt ein Blumenmährchen. Luſtwan=
delnd ging einſt in ſtiller Mondnacht die rothe
Roſe allein durch den Hain. Ihr folgte, wie auf
Geiſterſchwingen die weiße Roſe, erreichte ſie und
ſprach: Große, rothe Roſe, du biſt ſo ſchön, alle
Menſchen der Erde haben dich lieb und weilen
gern bei dir. Ach, zu mir kommt nur der Ge=
beugte, der Seelenbetrübte; denn farblos und
blaß, wie die Wangen des Wehs und der Trauer,
ſind meine Wangen. Wäre ich doch nur ein we=
nig dir ähnlich, wie wollt' ich mich glücklich prei=
ſen. Die rothe Roſe empfand die Wahrheit die=
ſer Klage und entgegnete: Wenn du nicht mehr
traurig in der Ferne ſtehn und meine Freundin
ſein willſt, ſo ſollen deine Wangen ſich färben,
deine Augen wieder heller leuchten. Und da die
leidende Blume bei dieſen Worten lächelnd em=
porblickte, neigte die rothe Roſe ſich zu ihr, um=
ſchlang ihren zarten Leib und küßte inbrünſtig
ihre ſehnſuchtsvollen Lippen. Da ſchlug die
Nachtigall freudenhell im mondigen Gezweige.
Die weiße Roſe erſchrak und wurde über und
über roth, wie ein Mädchen, wenn es den erſten

Kuß bekommt. Und seit dieser Zeit sind ihre Blät=
ter vom lieblichsten Roth durchschimmert bis auf
diesen Tag. — So gut ist er also — sagtest du,
Magdalene?

So gut! — seufzte es an ihrer Seite.

Die Base fuhr fort. Und da drunten noch
die Seltenheit eines Tulpenfeldes, das mit dem
Mohn dort drüben um die Wette blüth. Jenes
bildet ein Türkenheer, dieses einen Saal voll
Tanzender, die sich lustig mit den Köpfen berüh=
ren. Ei, und hier sehe ich sogar die sogenannten
Gesundheitskräutchen, wie sie der Zigeuner sam=
melt, aus welchen unsre vielerfahrnen Mixturen=
künstler und Pillenkrämer allerhand bereiten, an=
geblich, sie hätten es aus fernen Weltgegenden
erhalten.

Auch seine Neigung zur Jägerei, nahm Mag=
dalene das Wort, hat auf Robenstein sich gemil=
dert, die Lust für ländliches Leben vermehrt, und
er wird endlich noch nach unserm Wunsch ein
ächter Gartenmann. Liebe Base, ich sag's Euch,
Ihr kennt ihn nicht mehr, so hat er zugenommen
an Erfahrung, Pünktlichkeit und Anstand.

Den Anstand übt der Jäger oft genug.

Der Ordnungssache nimmt man sich gern an. Und es ist nicht zu übersehen, wie im Geringen und Unscheinbaren oft mehr als in lauten Worten und Werken die schöne Gesinnung sich zu erkennen giebt.

Halt! rief die umblickende Frau so lebhaft, daß Magdalene zusammenschrak. Hier laß uns stehen vor dem Wunder ferner Zonen, das du mir bis zum Schluß aufbewahrt hast. Welche Hoheit, welch' eine Farbenpracht belebt diese Blume*); welche unbeschreibliche Schönheit glüht strahlengebend aus ihrem großen, weiten, sanft= gewölbten Glockenkelche. Vergleiche sie mit der Sonne und du sagst nicht zu viel. Ja, so blickt sie noch einmal in's dunkelnde Erdenland, so färbt ihr ewiges Flammenlicht noch einmal Thal und Bergeshöhen, ehe sie zur Ruhe sinkt. Kann es einen ergreifenderen, erweckenderen Anblick geben, als dieses hellleuchtende Lebensbild aus der Hand des unaussprechlichen Welterschaffers? Wer hier nicht mit reinster Liebe, mit ganzer Seele vor

---

*) Der Kaktus, der in einigen Gegenden Deutschlands, Hollands und Italiens die Höhe eines Baumes er= reicht.

dem himmlischen Meister steht, wie mag der gläu=
big und demüthig niedersinken am Altare geweih=
ter Hallen, wo sein Lob ertönt im feiervollen
Hochgesange? Ach, daß wir der Erde Herrlichkeit
nur flüchtig betrachten und zu spät durchdrungen
werden von den Wundern, in denen Gott so
mild uns naht und zu uns spricht.

Wie viel größer als Alles, was erschafft der
Menschengeist, sind die Werke des Himmels. Wenn
ich in dem alten Blumenbuche, das ich von euch
habe, blättre, thut mir das Herz weh, so viel des
Edlen und Lehrreichen noch nicht gesehen zu ha=
ben. Es muß eine Freude sein, in der weiten
Welt wunderbare Gewächse und Pflanzen suchen
und gewinnen zu können. — Hört Base, Ihr
erwähntet eben der unterirdischen Zwerge. Ist
Euch bekannt die Legende vom Einsturz der neun=
kirchner Höhen und steht sie mit den „guten Nach=
barn,“ die in unsern Waldungen und Gehegen
sich aufhalten, in Verbindung; so möcht ich von
euch am liebsten darüber belehrt werden.

Sieh doch! Das Mädchen wohnt in der
Nachbarschaft dieses Berges, mitten unter Wald=
männchen und Waldweibchen; und ich soll ihr

von Nachbarbergen und Nachbarmännlein erzäh=
len! Oder willst Du nur das Mährchengedächt=
niß einer alten Frau in Versuchung nehmen?
Freilich, wer Blumen liebt, liebt Mährchen. Es
kann nicht anders sein. Nun, der Augenblick ist
günstig. Was ich weiß, soll bir zu Theil wer=
den, und so, wie es der Mund des Volks uns
verkündete. Komm zur Moosbank der schattigen
Linde.

Vor alten Zeiten — sprach Benedikte —
war der höchste dieser Berge. den wir vor uns
sehen, viel höher als er gegenwärtig ist, und
wild bedeckt von Eichen und Buchen, unter wel=
chen hie und da Köhlerhäuschen sich befanden.
Zu den Füßen des Berges lag ein Dorf, dessen
Bewohner den Feldbau trieben mit allem Fleiß,
also, daß ihr Wohlstand sich mehrte von Jahr
zu Jahr. Dieser Wohlstand und Segen aber,
der von Oben kam, machte sie übermüthig in
ihrem Glück: sie verloren die Liebe zur Arbeit=
samkeit, wollten ihre Tage nur in Lust und Fröh=

lichkeit verbringen und ergaben sich allmählich einem leichtfertigen, sündenhaften Leben.

An einem stillen Sommerabend, da die Sonne blutheiß untergegangen war, kam vom Berg herab ein Pilger ins wohlhabende Dorf. Er ging vor die Hausthüre eines begüterten Mannes, bat um ein wenig Brot und ein Nachtlager; denn er wäre hungrig und ermüdet vom Wandern, und könnte nicht mehr weiter kommen. Der wohl= habende Mann 'aber, der sah, daß der Pilger schlicht und einfach und nicht gekleidet war, wie einer, der der Gabe reichlich lohnt, lachte seines Verlangens und hieß ihn weiter gehen mit kur= zem, rauhem Wort. Der Pilger ging vor eine andere Thüre, wiederholte seine herzliche Bitte und wurde abermals von Mann und Frau mit hartem Ausdruck hinweggewiesen. Er gelangte zur dritten Wohnung. Aber auch hier hörte Nie= mand sein Flehen; sie schlugen ihm die Thüre vor den Augen zu und ließen unbekümmert ihn draußen stehn. Nachdem der Pilger so vor allen andern Häusern seine Bitte wiederholt und alle Einwohner ihn theilnahmlos zurückgestoßen hat= ten, verließ er das Dorf und kam nach einem

niedern Hüttchen, das im Thal auf einem Hügel
lag. Es war unterdessen dunkel geworden. In
der Hütte brannte ein mattes Lämpchen, und an
einem Tische saßen ein armer Mann mit Weib
und Kind, die ihr bischen Brot zufrieden ver=
zehrten. Er ging den Hügel hinan und klopfte
leis an der Thür des Hüttchens. Wie das der
Vater hörte, nahm er die Leuchte, um zu sehn,
wer es wäre. Und da er aufklinkte, sah er den
Pilgersmann, der freundlich einen guten Abend
bot und sprach: Habt ihr noch ein Krümchen
übrig, so gebt es mir und laßt mich Ruhe neh=
men in eurem Hüttlein; denn ich bin hungrig
und müde vom Wandern.« Der arme Mann
erschrak vor dem Pilger, der schon alt war, arm
und hungrig. Und treuherzig hieß er ihn eintre=
ten und Alle hießen ihn willkommen und rückten
zusammen am Tisch, an dem er sich niedersetzte.
Die Mutter gab ihm zu essen und zu trinken,
und bereitete ihm alsdann eine Ruhestätte, so
gut es gehen wollte, damit er gestärkt morgen
könne weiter schreiten auf vorgesetzter Wanderbahn.

Der Pilger aber war der liebe Gott, der
auf die Erde kam, zu prüfen die Herzen der

Menschen und zu sehen, wer, seine Gebote hal=
tend, es verdiene, daß er sich erfreue der Güter
des Lebens, die nach himmlischer Bestimmung
dem Guten hienieden ertheilt, dem Bösen ver=
sagt sind. — Als nun gewichen war die finstre
Nacht dem lichten Tag, als der arme Hütten=
mann aufstand vom harten Lager, um gewohn=
terweise mit den Seinen sich zu stärken im Ge=
bet zur anhebenden Tagsarbeit; da erstaunte er.
Denn er sah sich nicht mehr unter dem Stroh=
dache seines alten, schwarzgeräucherten, gestützten
Häuschens, sondern in einer räumlichen, heitern
Wohnung, vieltausendmal schöner, wie er im
Stillen sich sonst wohl gewünscht hatte. Das
Morgenblau schimmerte durch die Fenster und
um das Haus herum standen schöne Fruchtbäume,
von deren Zweigen die Vögelein sangen, und
liebliche Blumen mit Perlen gefüllt, und ein
Bächlein, das sonst hier nicht geflossen, floß her=
an und suchte sich einen Weg durch den grünen
Wiesgrund. Da glaubten Vater und Mutter,
daß sie im Himmel wohnten. Und stumm und
still blickten Alle einander an und schauten erschüt=
tert auf die fremde Erscheinung, die von unaus=

sprechlichem Glanz umgeben mit himmlischem Ant=
litz vor ihnen stand. Sie fühlten des Allmächti=
gen Nähe und sanken vor ihm nieder mit gefal=
teten Händen und gläubigen Herzen.

Gott der Herr trat nun mit dem Vater, der
Mutter und den Kindern hinaus vor die Thüre,
deutete nach dem Dorf, in welchem ihm die Be=
wohner am gestrigen Abend so unbarmherzig be=
gegnet waren, und sprach mit sanfter, nicht mit
heftiger Stimme, wie er gesprochen einst auf dem
Berge Horeb: Ihr habt erfahren, wie es dem
Armen ergeht, der des Flehenden sich erbarmt
und mit ihm theilt den geringen Bissen seines
Brotes. Seht nun auch, wie es ergeht denen,
welche theilhaftig geworden des höchsten Gutes,
und doch unredlichen und bösen Herzens lebten!
Und da er diese Worte ausgesprochen, erhob sich
ein gewaltiges Dröhnen und Sausen in der Luft,
die Erde erbebte und, als ob die Welt werde
versinken, stürzte mit fürchterlichem Krachen der
steile Berg herab auf das Dorf und begrub es
in einem Augenblick mit Allen, die darin wohnten.

Keine menschliche Stimme ward mehr ge=
hört, keine Spur mehr gesehen von der schönen,

reichen Dorfschaft. Hier war es öde und still, wie auf der Todtenstätte, wo Hügel an Hügel sich reihen. In der Folge bildete sich allda ein hoher Wald, an welchen Thale mit Blümchen mannichfalt sich schlossen. Auf der Anhöhe aber, wo der dürftige, nun begabte Hüttner fortan in Thätigkeit, Friedfertigkeit und Demuth mit seiner Familie die glücklichsten Tage verlebte, stand Jahrhunderte hindurch ein Haus, in welchem es den Wohnenden nie gebrach an zeitlichen Glücks= gütern und Zufriedenheit; da sie mit dem Him= mel lebten und allzeitig Gott angehörten; und diese Anhöhe, dieser beherrschende, heitre Erbhügel ist kein anderer, als der, auf dem das ehrbare Waltersche Haus ruht, das seit so langen Jahren des beneidenswerthesten Friedens sich erfreut.

Die Sage lautet, daß nach dieser Zeit ein Zwergenvolk in jenes Berges Gründen seinen Wohnsitz aufgeschlagen habe, welches, friedsam und ungestört lebend, noch heute darin haust und zuweilen sichtbar, Nothleidenden und Bedrängten beisteht mit Rath und That; denjenigen aber, welchen es wohlwill, segenbringende Gaben er= theilt. Der wunderbaten Dinge werden viele

erzählt, wie denn noch vor Kurzem ein geängste=
ter Landmann in dunkler Sturmnacht von einem
Zwergenfrauchen, da, wo weder Brücke noch Steg
vorhanden, auf einer schneeweißen Brücke über
die angeschwollene Gernsprenz soll geführt, ihm
auch beim Scheiden eine uralte Geldmünze mit
den Worten, solche stets bei sich zu tragen, ein=
gehändigt haben. Als Aus= und Eingang der
hülfreichen Geschöpfe wird der große, dickichtum=
hüllte, weiße Stein bezeichnet, der auf der Höhe
des Berges steht, und, wie du wissen magst,
„Weibchenstein," genannt ist. Es wird angegeben:
Wer einen Wunsch, eine Bitte beherzt und furcht=
los ausspreche vor diesem Stein, dürfe der Theil=
nahme der kleinen Bergbewohner sich versichert
halten.

Begegnete mir einmal ein solch gut Weib=
chen, ich wollte mir schon was wünschen.

Freundliche Menschen sind Lieblinge der Un=
sichtbaren.

Und in welcher Stunde steigt der Wünschen=
de hinauf zum Weibchenstein? fragte Magdalene:

Glockenschlag Zwölf um Mitternacht bei vol=
ler Mondesscheibe. Hochwichtig ist der Augen=

blick; denn wenn der Ruf des Uhus verstummt, der Sang des Morgenvogels die ersten Lichtstreifen im Osten verkündet, die Spinne sich erhebt aus ihrem Höhlenkorb zum Neubau ihrer Webung; dann sind die Wohnungen der Geister den Menschen wieder verschlossen. — Doch nur ein reines und fleckenloses Gemüth darf wagen, der geheimen Stätte der Unterirdischen zu nahen und sein Begehr laut werden zu lassen; dem Zudringlichen und Habgierigen drohen Elend, Verderben und Tod.

Es war ein heißer Tag. Lenchen ging den Bach entlang. Endlich blieb sie stehen, blickte noch einmal umher und verschwand. Versteckt im dichter Erlengebüsch, löste sie bedächtig ihr Gewand, ließ sich nieder im Ufergras, prüfte das Wasser mit der Fußspitze und sank hinab in die wallende Fluth. Liebliche Kühlung umspielte kosend ihren Leib; es wurde ihr so leicht, so wohl in der dunkeln wonnigen Wasserlaube, die die Natur recht eigentlich zur Heimlichkeit geschaffen hatte, und in die nur von Oben, wie durch ein schmales Fensterlein, ein bischen Himmelblau hereinschien. Sie schritt auf weichem Kiesboden hin und her, goß mit der Hand Wasser über die froh aufathmende, schöne Brust, tauchte unter wie ein Seehühnchen, rang mit den Wogen, schwamm, so weit es der Raum verstattete, und sang, die Flechten ihres glänzenden Haares völlig lösend, mit halblauter Stimme:

Kurzen Muth und langes Haar

Hätten die Mädchen? Ist's auch wahr?

Dann haschte sie nach schwarzblauen Bachjungfern, die mit großen Kitzelbeinen muthwillig auf ihrer Brust und Nacken sich niederließen, und fuhr fort:

Ich wollt' ich wär von Gold,

Dann wärst du mir recht hold! —

Luft und Wasser! Wer kann leben ohne süße Luft, ohne liebes Wasser? Ach, wie laben sie uns! Wasser ist Salz des Lebens, das einzige, das, wenn es schmecken soll, nach nichts schmecken muß. Luft ist Hauch aus dem Mund des schönen Himmels — Still! sagte sie und lauschte in die Büsche, in welchen sich etwas regte. — Wie, wenn

er jetzt so durch die Erlenblätter hereinguckte?...
Wer? der Heinrich?... Ich stürbe vor Schrecken.
— Nein, ich rief den braunen Nir in Billingsee
zu Hülfe; der verwandelte mich in eine Blume,
und dann wär's aus mit uns Beiden.... Wie
mag einem doch zu Muth sein, wenn man eine
Blume ist? — Guckguck! auf dem Berg, Guck=
guck! im Thal. — Ein recht unartiger Vogel...

Zwei weiße Täubchen fliegen aus,

Ach bringt mir doch den Schatz nach Haus! —
Ein Geräusch erhob sich und athemlos rief die
herankeuchende, alte Sanna: Lenchen! Lenchen!
eil dich, ach, eil dich! Müllers sind da mit Hein=
rich, deinem Liebsten. Er soll Anndort nehmen.
— Lauf, Lenchen, lauf! —

Ein Wetterschlag aus klarem Himmel hätte
keine größere Wirkung hervorbringen können, als
dieser Zuruf auf die Babende in einer so hei=
tern Stunde. Sprach= und regungslos starrte
Magdalene ins Laub der Büsche, horchte den
verhallenden Eilschritten Sanna's nach. Was sie
nur gedacht, geahnt, was in Blick und Zeichen
sie bisher wahrgenommen, unbeachtet aber hatte
vorüber gehen lassen, trat jetzt, gleich einer Tod=

tenerscheinung, deutlich und gewiß, ihr Gefühl
zur heftigsten Wallung anregend, vor ihre Seele
hin. Von ihm, dem getreuen Heinrich, sah sie
sich getrennt, auf immer seinem Arm entrissen;
sie sah ihn an der Hand der schönen Gespielin,
seiner Braut, hörte den Glockenruf, Orgelklang,
Kirchengesang, sah den Geistlichen am lichterfüll=
ten Altar die Trauung vollziehen, vernahm die
Hochzeitgeigen, welche juchheiend losstreichen un=
ter der lustvereinten Jubelmenge. Und diese fürch=
terlichen Schreckenbilder, die ihrem schmerzgepreß=
ten Herzen den bangen, kaum vernehmbaren Aus=
ruf, „oh Gott in deinem hohen Himmel," ent=
lockten, gaben endlich den gelähmten Gliedern die
belebende Kraft zurück. Sie sprang aus dem
Bach, warf das Gewand um, eilte, was sie eilen
konnte, aus dem entferntesten Theil des Gartens
über Feld und Beet, durch Büsche und Bäume,
sah nicht die theuren Lieblinge, die unter ihren
Flugschritten vernichtet zu Boden sanken, achtete
nicht der herabhängenden Aeste, die ihr goldnes,
in langen Wogen fluthendes Haar zerrissen, nicht
des Rosenzweigs, der das hüllende Tüchlein ihren
Schultern entzog. Und unaufhaltsam vorwärts

stürzend, suchte sie das Wohnhaus zu erreichen.

Brabands Verhältniß zu Anndort war offen und unbefangen. Fesselten ihn zuweilen auch die glühenden Sterne ihrer Augen, lobte er gelegentlich ihr obenwaldisches Jäckchen und Röckchen, welche ihrem blühenden Gliederbau zur unverkennbaren Zierde gereichten; so blieb er Magdalenen doch getreu und in seinem Herzen war keine Stelle mehr übrig für eine Andre; einem Herzen, das auch durch die Bande einer mit ihr verlebten, erinnerungsreichen Jugendzeit sich an sie befestigt fühlte. Die Versuche des schmeichelnden Mädchens, der Mutter berechnetes hinzufügen, ihn zu bannen, zu gewinnen für ihr Haus, hatten daher nur scheinbaren Vortheil und führten letztere um keine Spanne weiter in einer Angelegenheit, die man gern bald hätte gekrönt und beendet gesehen. Braband, wohlwollend, dienstfertig, unverändert sich gleich bleibend, wollte indeß den Umgang der Müllerin, so wenig er auch ihre Denkungsweise billigte, nicht aufgeben; theils weil ihn burgherrliche Geschäfte oftmalen nach der Mühle führten, deren Umkreis zu dem von ihm] beaufsichtigten Jagdbezirk gehörten; theils

weil aus einfachem Grunde er die heftige, ränke=
süchtige Frau sich nicht wollte zur Feindin machen.
Die Müllerin aber, der das ungewisse Verhält=
niß zu lang dauerte, die sich nach abgemachter Sache
sehnte, schritt jetzt zu einem andern Versuch, von
dem sie sich den besten Erfolg versprach. — Dem
blöden, verschämten Jüngling — lächelte sie vor
sich hin — muß nachgeholfen werden; dann wird
ihm das Auge aufgehn und klug wird er mei=
nem durchgreifenden Entschlusse sich ergeben. Kann
er mehr verlangen? Was findet er dort? Ein
Mädchen, die ihm die leere Hand reicht. Was
wird ihm auf meiner Bahn zu Theil? Die son=
nenklarsten Aussichten auf Ehre, Ruhm, Reich=
thum, und ein Mädchen, jung, hübsch, kräftig,
dauerhaft. Dem Thoren kann die Wahl nicht
schwer fallen, der den vollen Säckel dem leichten
schon vorziehen wird. Denn daß Fülle, Habe
allein Ruhe und Glück gewähren, muß er längst
eingesehen haben. Ja, dort drüben hält der Kno=
ten. Er finde Lösung; und mit der Liebelei hat's
ein Ende. Es ist ein Versuch. Gelingt er nur
halb, schreiten wir zum letzten Mittel. Wer mag
auf halbem Wege stehen bleiben? ... Die Mül=

lerin schnippte mit der Hand, beschied, nach ein=
gelaufner Nachricht von Walters Abwesenheit,
dessen Gegenwart ihr überflüssig dünkte, den Jä=
ger auf den morgigen Tag in die Mühle, um
mit ihm und Anndort dem walterschen Haus
einen Gegenbesuch abzustatten. Und Heinrich,
belebt von einem Gefühl, das ihm nichts Wider=
wärtiges verhieß, leistete der Aufforderung willig
Genüge. Auch für dich, sprach die Müllerin an=
deren Tags zu dem Jäger, wird der Besuch ein
angenehmer sein. Heinrich verstand sie nicht recht.
Es war Sonntag. Mutter und Tochter hatten
sich festfeierlich in's Gezeug geworfen. Da beim
Eintreffen Magdalene fehlte, schickte die Müllerin
den Jäger hinweg, sie aufzusuchen und zur Ge=
sellschaft zu bringen.

Die Nachbarinnen, die sich lange nicht gese=
hen, saßen nach den ersten Begrüßungen einan=
der gegenüber. Frau Walter schnaubte sich die
Nase und hüstelte. Die Frau Müllerin hatte es
ein wenig in der Kehle. Gedenkend jedoch der
flüchtigen Zeit, legte sie alsobald Frau Walter die
lang gehegte und überlegte Absicht kürzlich dar,
daß sie gesonnen, aus Heinrich und Anndort ein

Pärchen werden zu laſſen; erwähnte der glänzenden Ausſichten für den jungen Mann auf der
Burg, deſſen häufigen Zuſpruchs in der Mühle,
beſchrieb mit geſchmeidigem Ausdruck der Kinder
Zukunft und ſetzte luſtig hinzu: Ihr ſolltet ſie
nebeneinander betrachten, die ſchönen Leutchen,
wie ſie ſich lieben, wie ſie ſich herzen; gewiß ihr
werdet euch darob, eingedenk meines euch noch
erinnerlichen Wunſches, beide künftig verbunden
zu ſehen, mit mir ergötzen und ſagen: Nachbarin,
ihr habt erreicht, was ihr euch ſo oft gewünſcht.

Nachbarin, entgegnete Frau Martha, an dem
Wohl eures Kindes, wie an Heinrichs Wohl
nimmt unſer Haus, wie ſich das von ſelbſt ver-
ſteht, den wärmſten Antheil. Aber ſeltſam! Mit
eurem werthen Beſuch bringt ihr uns zugleich
eine ſeltene Neuigkeit: nicht die löbliche von
eurer überlegten Abſicht, ſondern die von Brabands Neigung zu eurer vielgeliebten Tochter.
Der Tauſend! Wie hat der Heinrich dieſe Liebe
ſo geheim gehalten vor alten Freunden. Und
Anndort, was ſagſt du dazu?

Die Müllerin fiel ein: Jugend, Nachbarin,
iſt ängſtlich und ſchweigſam. Und Heinrich war,

4*

wie ihr wißt, immer ein Blödling, dem man den
Ausdruck leihen mußte. — Nachdem also gestaltet die Dinge stehen, hoffen und erwarten wir,
Magdalene, euer Kind werde, so sie wider Erwarten noch einige Hinneigung bewahren dürfte
für den gewesenen Spielgefährten, des Pärchens
zeitlicher Wohlfahrt wegen gernlich geloben, jed-
weder Hoffnung auf ihn sich zu entschlagen und,
gleich euch, mit heitern Mundes Glückwunsch
die Verbundnen begrüßen. Ihr erkennt, liebe
Nachbarin, in dieser meiner Eröffnung eine bloße
Förmlichkeit, welche unter uns eigentlich gar nicht
vonnöthen wäre. — —

Und demnach, fuhr Mutter Martha fort,
erscheint ihr heut', uns sammt und sonders ein-
zuladen zur Hochzeit des liebenden Pärchens.
Burgmüllerin, im Geist sehe ich euch schon auf
der Hochzeitbank, stattlich und städtlich angethan,
wie eine Ritterfrau sitzen. An reichem Gewand
mangelt es euch nicht, das muß zugegeben werden. Nun, ich wünsche euch Glück, bin aber
nebenbei begierig, was meine Tochter, an die ihr
euer Zuspruchswort zunächst zu richten hättet
dazu sagen wird, die euch, in Betreff ihrer Nei-

gung zu ihrem gewesenen Jugendfreund, die Ant=
wort nicht wird schuldig bleiben. Nun, Anndort,
bist du mit dem, was deine Mutter meldet, ein=
verstanden, liebst du den Jäger, wirst du wieder
geliebt, und wünschest du dir ihn? Dein freier
Wille — — —

Freier Wille! höhnte die Müllerin. Junges
Blut, in solchen Dingen ohne Einsicht und Er=
fahrung, fügt sich dem wohlwollenden Mutter=
gebot und wird, erforderlichen Falls, gewaltsam
verknüpft mit dem Band der heiligen Ehe. Glaubt
mir, Nachbarin, das giebt die besten Pärchen.

Ihr denkt wie die Großen und mögt Er=
fahrungen gemacht haben. Ich für mein Theil
lege in diesem Stück einer Tochter keinen Zwang
auf, bei Leib und Leben nicht, wo ihr zukommt,
zu reden, zu bestimmen im Gefühl des Herzens.

Brummig stemmte die Müllerfrau ihre Arme
in die Seite und horchte nach der Hausflur hin.
Auch die blaß gewordene Anndort schwieg noch
immer, lächelte kindisch mit einem wulstigen Spa=
zenmännchen, das im Weinlaub vor den Fenstern
kränklich piepte, und brillte am Zipfel ihrer bun=
ten Schürze, als die Thüre aufsprang und Mag=

dalene, blaß, aber schön wie die Lilie des Gar=
tens, herein und auf Heinrich stürzte, der, ohne
sie gefunden zu haben, nachdem auch ihn die
lauschende Susanna von dem Zweck des Besuchs
der Müllerin unterrichtet, eben eingetreten war.

Was geht hier vor? — Ihr seht ernst und
bleich wie Leichengänger. Was ist geschehen?
Heinrich! Heinrich! rief das Mädchen im Ton
der Leidenschaft. Oh, es ist gut, daß ihr kommt,
Müllerin, und du kommst Anndort. — Ich weiß,
warum ihr kommt, was ihr wollt. Nun begreif
ich euch. — So hört es, wisset es: Er ist mein
Verlobter, und heiliges, heiliges Recht habe ich
auf dieses Herz! . . . Sie hatte den Geliebten
umschlungen, ihre keusche Brust wallte unverhüllt
ihm entgegen, sie hörte nicht die mütterliche Stim=
me der Ermahnung und Beruhigung und fuhr
gesteigerten Ausbrucks fort: Rede doch, lieber
Heinrich, sag', sag' es ihnen, du kannst es besser,
als ein armes Mädchen, daß wir uns angehören,
daß wir Eins sind längst und immerdar . . . .
War es nicht hier an dieser Stelle, da wir Hand
und Herz uns gaben? . . . Die Eltern schliefen,
still stand die Uhr, kein Blättchen regte sich und

ernst und groß, wie das Antlitz Gottes, sah der
Mond auf uns herab. — Als ich es ausgesprochen
das Wort meines seligen, heißen Herzens, hatte
ich Alles, Alles dir gegeben. Und dieses Wort
der Hingebung, das ein Mädchen bewahren muß
bis zum letzten Lebenshauch, bindet unanflöslich,
ewiglich die Seele. Niemand der Welt kann
mich trennen von dir; Gott allein nur kann es . . . .
Geh, wenn du willst; lebe, wenn du's vermagst,
ohne mich. Meine Treue werde ich halten und
mit mir in den Himmel nehmen . . . . Sanft
faltete Magdalene ihre Hände über der Brust
des Jägers und blickte zu ihm empor mit der
innigsten Liebe, indeß die erblichnen Rosen ihrer
Wangen, neuerblühend in jungfräulicher Scham,
himmlische Grüße ihm sandten.

Die Flamme der Freude und Begeisterung
leuchtete aus Aug' und Angesicht des Jägers,
der Magdalene festen Armes an sich schloß, mit
hellem Schalle ausrufend: Oh du gutes, du getreues Mädchen! Nein, der Versicherung deiner
Liebe zu mir bedarf es nicht, nur des freien Aus-
spruchs der meinigen in diesem Augenblick, der,
was er auch über uns verhängen möge, nimmer-

mehr unserm Glücke gefahrdrohend sein kann.
Oh Himmel! konnte nur der kleinste Zweifel über
mich in deiner Seele erwachen? Nein, nein, dir,
nur dir allein, keiner Andern der Erde war ich
jemals zugethan. Und in dieser gesegneten Stunde, in der dein Mund der Verkündiger unsers
Geheimnisses ist, wiederhole ich, daß ich nur dir
gehöre, daß mit jedem Pulsschlag meines Lebens
unveränderlich und ewig ich der deine sein und
bleiben werde! —

Burg- und Felsenmüllerin, ergriff Frau Walter das Wort, indem sie den Jäger, der der auf-
gestandenen Müllerin sich zuwandte, sanft zurück-
drängte, das Blättlein hat unerwartet in der Angelegenheit sich umgekehrt, und es kommt nun
deutlich zum Vorschein, daß ihr euch in euren
Berechnungen geirrt habt und in euren Bestim-
mungen zu voreilig seid. Eine kluge Frau, wie
ihr . . . . . Das hat man von den Geheimnissen
der Kinder. Laßt euch inzwischen die Sache
weiter nicht zu Gemüth gehen. — Sie hatte Lust
zu fragen, ob das Wasser auf ihre Mühle wäre;
hielt aber zurück damit, weil ihr jeder Anstrich
von Hohn, der, wie sie eben noch erfahren, das

Angesicht, insonders das der Frauen, so sehr ent=
stellt, verhaßt war. Sie fügte daher hinzu: Habt
ihr Gegenvorstellungen, so seid aufgefordert dazu
— andernfalls, denke ich, werden wir uns dar=
um doch gewogen bleiben in altgewohnter Nach=
barschaftlichkeit.

Die Müllerin, deren kleine Augen bei Mag=
dalenens Hereineilen schon ungewöhnlich groß ge=
worden waren und auf deren Stirne, zur Be=
reicherung ihres Ansehens, ein volles Kreuz= und
Quergebälke dicker Wuthrunzeln sich aufgeworfen
hatte, versetzte in scheinbarer Ruhe: Was bedarf
es weiter der Rederei. Hätte der Narr da den
Mund nicht früher aufthun und uns offenbaren
können sein ehrenwerthes Geheimniß? —

Jugend, entgegnete Frau Martha, ist ängst=
lich und schweigsam, und Heinrich war immer
ein Blödling: So sagtet ihr ja noch eben selbst. —

Nun, schon gut, schon recht! schrie die Mül=
lerfrau über Gebühr. Nehmet hin unsre Glück=
wünsche, Segenswünsche. Wir wollen euch für
heute nicht länger belästigen. Gehabt euch wohl.
Auf Wiedersehn! — Zornerfüllt aber und mit
einem durchbohrenden Seitenblick auf Braband,

dachte ſie: Der Wicht hat es wohl noch auf eine
Herabſetzung angeſehen? Teufel! du ſollſt deinen
Lohn finden, ſo wahr ich Müllerin bin. Flüche
auf der Zunge, Rache im kochenden Herzen, warf ſie
die Sammtmützenbänder, die wie ſchwarze Schlan-
gen ihren Hals umringelten, auf ihren breiten
Buckel, ballte die Fauſt und ging ohne viel Ab-
ſchiednehmens mit ihren großen kleinen Augen
hinweg. Still weinend ſchlang Anndort die
Arme um Lenchen und eilte zur Thüre hinaus.

Froh umarmte die Mutter, aller weitern Worte
ſich enthaltend, ihre Kinder.

Ach, ſagte Magdalene, es war oft etwas
Seltſames in deinen Augen, das ich nicht begriff,
Heinrich. Es iſt verſchwunden. Und zwei Per-
len Freudenzähren rollten über ihre Wangen.

Er fühlte den leiſen, nicht unverdienten Vor-
wurf, und ſchloß noch einmal die liebgetreue Jungfrau an ſein klopfend Herz.

Ein Blick hinaus zeigte ihnen die Müllerfrau, welche in ſchwerem, trotzigem Trab auf die
Mühle lostrollte. Anndort ſchaute noch einmal
zurück, riß im Vorbeigehn zwei Moosroſen, die
ſie vorhin ſanft berührt und belächelt, vom

Strauch und streute deren rothe Blätter auf den weißen Sandweg, der nach den Felsen lenkte.

Frau Huck hatte, nachdem sie einige Verfügungen getroffen, das Mühlhaus alsbald wieder verlassen und war in Hast felsanwärts den rodensteiner Waldweg weiter gegangen. Der Erdboden klang unter ihren Schritten. Sie öffnete den Brustlatz, um Luft zu ziehen für die Zornpulse, die in ihrem Herzen hämmerten und jolten und ihr beinah den Hals zuschnürten. Die Nacht war bereits eingetreten, da sie anlangte zu Rodenstein. Weindünste zogen umher, wilder Gesang schallte aus hellen, offnen Fenstern der Burg, wiederhallend im tiefen Ringgraben, aus welchem der Rüden Gauzen und Heulen rottenweis einstimmte zu einem vollständigen Höllengetümmel. Sie klopfte, schrie, schimpfte des saumseligen Wächters, der endlich, das Meldhorn in der Hand, mit lallender Zunge über die Brüstung der Thorthürme herabfragte nach Namen und Begehr des Klopfenden, alsbald aber hinzufügte: Ja so, ihr

seid's Mühlenmutter. Ei, die Knauke! Was
werdet ihr denn wieder mal wollen? — Antragen,
entgegnete es, daß du geschwungen, gestäubt und
fortgejagt werdest; denn ein Thorwart, der nicht
Aug' und Ohren hat, wie ein Fuchs, verdient
nicht solch ein einbringlich Amt. Runter die Ket=
tenbrücke! Hörst du nicht? des Teufels! ich stehe
schon drei Stunden vor diesem Donnerloche! —
Und auf erfolgte Brückensenkung und Meldung,
der Burgherr befinde sich mit den Genossen im
Rittersaal, eilte sie die Wendeltreppe hinan, stieß
weintragende Knappen, Humpenbuben und Flü=
gelthüren aus dem Weg, und trat in den Saal,
ausrufend: Nun, das heiß' ich ein Gezech, ein
Gejubel. Schallt's doch stundenweit in's Burg=
gebiet hinaus — und keiner der Toll= und Voll=
köpfe hört und sieht! —

Alix! schöne Alix! rief es aus der Zecher=
menge, und Mehre sprangen von ihren Sitzen.
— Du kommst wie gerufen, nahm ein Ritter das
Wort und zog die Nahende herbei. Wir bestrei=
ten einen Rechtsfall; werde Schiedsrichterin zwi=
schen uns, gebietende Königin; und der Anstand,
der immer fehlt, wo es der sittigen Frauen erman=

gelt, wird wiederkehren. Aber schaut sie an! Wie
sonntäglich gemustert sie ist! So schön sah sie
mein Tage nicht aus. Welche Tracht? Blitzblau
und meergrün. Das ist Zwietracht. Hat dies
einen Grund, so fang' an zu schwätzen, damit wir
dahinter kommen. — Recht, fuhr ein anderer fort,
Alix soll zwischen uns thronen, und ich werde am
Knacken ihrer Finger abhorchen, ob sie noch stark
besetzt ist mit Liebhabern. Sag, wohnst du noch
immer in dem verdammten, dunkeln Klapper-
und Schlangenneſt? Ich sage verdammt, und ver-
gesse nicht, wie mir dort vor zwei Jahren meine
Bläſſe, die aus Nanzig, sich das Bein verrenkte,
als ob's ihr wer angethan. Der alte Einsiedler,
der im Holz hauſt und gewiß' nen ächten Spiritus
familiaris haben mag, heilte mir den Tummler
wieder. Aber mich soll der Hans Holzmeier ho-
len, wenn ihre Backen nicht angesetzt und zu
vollen Quetsch- und Hängebacken sich verdoppelt
haben. Kein Wunder! Die sitzt fein und feder-
leicht angekleidet beim nährlichen Mülleressen, wenn
unser eins in Stahl und Eisen, besprützt, besudelt
umhertobt; verschmaußt Mehlklöße mit Schmand, die
einem auf der Zunge vergehn, wenn uns in Wind

und Wetter Hören und Sehen vergeht; verzehrt
gefüllte Fettgänse, wenn wir uns mit bloßem
Gänsefett herumschmieren. Da werde Eins nicht
dubeldick. — Zurück, ihr Strolche! stritt die Müllerin. Ich habe nicht Zeit, euer Geträtsche anzu-
hören. — Laßt sie selbst reden, lachte ein dritter
Ritter, sie verdient gehört zu werden und hat in
Wahrheit noch ein Ansehen, daß man sicher sie
möchte für ein Fräulein halten. — Ja, fuhr ein
vierter Ritter fort und legte den Arm um ihren
Nacken, was auch Benno sagen mag, ich finde
sie weder ganz alt, noch völlig häßlich. Nur den
übeln Namen Alix, der hinten einen krummen
Buchstaben hat und an Gelichter erinnert, sollte
sie nicht führen. Aber sie wird uns gleich kommen mit dem Hochwürdigen Bischof Sirt, dem
Freisinger; mit Herzog Grimoalts schönem Töchterlein Beatrix von und zu Baiern; selbst mit
dem Pabst Kalixt. — — Heute ist sie mal zäh,
wie Katzenfleisch und mault. Iß, bechre, vertreibe
dir die Rücke und Tücke, die auf deiner Stirne
wetterleuchten, und, wenn wir aufbrechen, setz'
dich zu mir auf meinen Blauschimmel und fliege
mit in's lustige Waldesleben. —

Ihr erzschlechten Menschen! herrschte das Weib. Hinweg; laßt mich los! Längst gezimmert liegt euer Galgenholz. Das aber merkt euch noch: Wo ihr hinführo euern zügellosen Ton gegen mich nicht umstimmt zu sittlicher Rede, werde ich Diesem oder Jenem einmal mit einem abkühlenden Eisen begegnen, daß er mein gedenken soll im letzten Zuck und Othemzug. — Wo ist der Ritter?

Was bringt ihr? fragte Robenstein, der mit Anlegung seiner Rüstung beschäftigt in den Saal kam. Was führt euch zur Nachtzeit noch in die Burg?

Unglück, das oft kommt in der Nacht.

Faßt euch kurz, wir ziehen aus in einer wichtigen Angelegenheit.

Die meinige ist wichtiger.

Der Ritter führte die Frau in ein dunkles Nebengemach. — Robenstein, begann sie hier und faßte krampfhaft des Burgherrn Arm, Robenstein, ich bin beschimpft, auf's Blut beschimpft! Mein eifriges dir wohlbekanntes Bestreben, das Mädchen, meine Tochter, ehelich verbunden mit dem Burschen, dem Jäger, zuzuführen deinen hochbeglückten Hauseshallen, ist mißrathen, verdorben:

Sorgen, Mühen, Koften, übermaßlich angewandte
Freundschaft, Zärtlichkeit — Alles in die Schanze
geschlagen von dem Duckmäuſer, dem Schleicher,
der mit Undank, Schadenfreude vergilt dem treuen
Herzen; der ſo eben mir, ja mir verkündet keck
und unverſchämt ins Angeſicht, daß er — die
Hölle weiß, ſeit wann ſie mit einander einver=
ſtanden insgeheim — die junge Walterstochter
längſt erkoren ſich zu einem Liebchen, einer lieben
Braut. Zerknickt, vernichtet mit meinem eblen
Vorhaben, geſchleudert wie von einem Gipfel in
den jähen Abgrund, ſtand ich vor dem winzigen
Volk. Faſſe meine Hand und fühle das Zittern
deiner beſten Freundin. Ich hätte mich wälzen
mögen vor Wuth.

Haſt du den Muth verloren? Räche dich! —

Die Müllerin ſchlug dem Ritter vor die
Bruſt, daß beſſen Halskette zerſprang und die
Ringe durch die dunkle Kammer raſſelten. Rä=
chen, rächen ſollſt du mich und dich. Wiſſe:
Ueberzeugenbe, lichtklare Beweiſe liegen vor, daß
der, von dem ich rede, ſein Auge warf auch auf
deine junge Gemahlin, die ihm ihre Gunſt — in
gar fein verſchwiegner Frauenweiſe — keineswegs

versagt; auch seine Taschen reichlich füllt mit deinem Golde, wohlerworben. — — Genüg! Folgen und Gefahr, die daraus entspringen mögen für dein bedrohtes Haus und Sein, magst du bedenken und erwägen. — Mehr ein andermal. Du eilst ja, wie du sagst.

Der Ritter legte die Hand an's Schwert und sprach: Ja, ich entsinne mich der Sorgfalt, wie der Emsigkeit, mit der der Jäger allzeitiglich bereit gelebt für diese Heuchlerin. Empfange einstweilen meinen Dank, den vollsten Herzensdank für diese deine Meldung. — —

Beseitige deine Feinde, noch ist es Zeit; vernichte Beide, die verdammlich sind. Rodenstein, gedenk' auch der frohen Vergangenheit und der Zusage, die du, hochbetheuernd, mir gegeben. Die Jahre flohen. Frei bin ich, und doch geschmiedet an ein finstres, sonnenloses Felsenthal durch dich. Meine Kinder — und die deinen — die ich getödtet dir zu Liebe in der Noth und Armuthszeit, sind noch nicht vermodert drüben unter den alten Eichenstämmen. — — War mir doch, da ich den Wald durchstrich, als säh' ich beide sitzen in ihren blutigen Todtenhemdchen dort auf grünem Halmenhügel. Sie hielten sich umschlungen, Knabe und Schwesterlein, weinten. — Lach' mich aus. Ja, was kümmert's uns. Gehn wir nicht überall auf Todtenbeinen? — Denk, Rodenstein, daran, wie ich dir stets gedient, so treu; was ich für dich gethan, so gern, so rasch im Scherze wie im Ernst. Weißt du noch, wie einst, ein schwarzer Rittersmann auf wildem Tigerrosse, ich für dich beutete das schmucke Fräulein aus dem Rheingau? — Und bin ich's nicht gewesen, die erschlug dein vorig Weib, die ihr im schilfgen Unkenmoor? — —

Nicht einen Laut mehr! — Ein böser Nachtgeist rüttelt dein Gehirn. Mahne mich nicht an Pflicht und Schuldigkeit. Längst fühlt' ich das Bedürfniß, mein Gut den Händen einer weichen, schwachen Hausgefährtin zu entziehen und einer bessern Wächterin anzuvertrauen. Ich brauch' ein Weib voll Muth und Kraft. Ich kenne dich, dein Haupt birgt teuflisch schöne Anlagen für meine Wünsche und Erfordernisse; du bist ein ächtes, mir willkommnes Teufelsweib. Geh! halt dich tapfer bis zur Vergeltungsstunde. Nimm auch mein Ritterwort: An deinem und an mei=

nem Feind werde ich eine Rache üben, mit der
du sollst zufrieden sein.

Der Müllerin Augen glühten flammig durch
die Dunkelheit. Sie schlug ein in die Rechte
des Burgherrn; nachdem er ihr das gegebene
Versprechen, ihrem Willen zu dienen, noch einmal hatte wiederholen müssen; entfernte sich mit
einer Geberde, in welcher Befriedigung und Dro-
hung seltsam sich mischten, und ging, auf einem
Buchenblatt pfeifend, durch den Wald zurück zur
Mühle, deren helles Klappern ihr Beifall schlug
für ein glücklich abgemachtes Taggeschäft.

––––––––––

Magdalene sah erwartungsvoll der Ankunft
Heinrichs entgegen, welcher gewohnterweise von
Woche zu Woche, je nachdem der Lauf der Jagd
ihn den Thalangrenzungen näher führte, im Wäl-
terhause einkehrte. Schon waren drei Tage verflossen. Heinrich kam nicht. Dunkle Ahnungen
erwachten. Sie gedachte der hellen Sonne, die
oft trüb untergeht, der frohen Stunde, der eine
traurige folge.

Da verbreitete sich das Gerücht, ein Haufe
fremden Reisigvolks durchschwärme das Land und
ziehe alle waffenfähige Mannschaft, deren er hab=
haft werden könnte, an sich für den Felddienst
eines Krieg führenden Fürsten. An verschiedenen
Orten waren Widerspänstige gewaltsam ergriffen;
es war Streit ausgebrochen und Blut vergossen
worden.

Vermehrt mit den Zusätzen, wie sie der Flug
der Begebenheit erzeugt, war diese Kunde für
die Familie eine sehr niederschlagende; bald dar=
auf auch die Wahrscheinlichkeit, daß Braband,
der nirgends zu finden, eine Beute dieser Söldner
müsse geworden sein, zur Gewißheit.

Magdalene rang die Hände. Himmel! rief
sie aus, wir dürfen keinen Augenblick säumen,
damit wir die Räuberbande noch erreichen. Sie
flog auf den Hof, in den Garten, schrie nach Ge=
hülfen, Knechten, Mägden. Und bald standen
Gärtner, Schäfer, Hirten, Knechte um die Ru=
fende versammelt; denn alle waren der geliebten
Tochter, dem Herzblatt der Eltern, zugethan mit
Leib und Seele. Mit glühenden Worten sprach
Magdalene ihr Verlangen aus, reichte allen die

Hand, wies jedem Wehr und Waffe an und
stürzte mit einer großen Volksmenge die Berg=
halbe hinauf.

Mutter Martha sah ein schweres Wetter
kommen. Wohl gedachte sie der Müllerfrau, als
der Stifterin eines Unglücks. Sie schwieg jedoch,
um Waltern nicht zu reizen und vom rechten Weg
abzulenken, den sie eifrig ermunterte, was er schon
zu thun im Begriff stand, nach Burg Rodenstein
zu gehn, allda Sichres einzuziehen über das unge=
wöhnliche Ereigniß.

Walter fühlte sich schmerzlich berührt, den
Frieden des Hauses mit einem Mal gebrochen,
der gewohnten Ruhe, seinen ungestörten Natur=
forschungen, wie durch ein unerwartetes Kriegs=
getümmel, sich entrissen zu sehn. Und der Unwille
brannte ihm auf der Stirne. — Wie glücklich, sprach
er, lebten wir, hätten wir nur mit dem Himmel,
nicht mit den thörigten, unruhliebenden Menschen zu
reden und zu rechten. Friede ist so schön. Er ist ein
Göttergeschenk. Und nur im Frieden gedeiht der
Mensch, und menschliches Wirken hat segnende
Kraft. Da tritt uns ein Ereigniß, woran Nie=
mand gedacht, da kommt ein Störenfried, von

dem wir keine Ahnung gehabt, uns entgegen, greift in unser Recht und wirft über den Haufen den Bau unsrer Zufriedenheit und Freude. Aufregung, Streitlust, ewiger Haber, Zwist, ewiges Menschenhetzen! Was fruchten Klagelieder. So laßt uns gerüstet stehn zur Beschwörung der Stürme und Lebenswiderwärtigkeiten.

Er versah sich mit leichter Waffe, löste Raff, den Hauswächter, von seiner Kette, der, als ob es heute etwas für ihn zu thun gäbe, seine Freiheitsstimme erhob, vor der Hasen und Rebhühner wild aufschießend die Flucht ergriffen.

Was ist es doch — sprach Walter unterwegs zu sich — das heut' so mächtig mich mahnt an die Vergangenheit, an die Zeit meines eignen Liebesleidens, das mit dem meines Kindes wohl manches gemein hat? Ist es der blaue Himmel, der über jenen waldgekrönten Hügeln so freundlich steht? Ist's der süße Vogelschlag, Luft, Licht, Baum und Kraut, was mich zurückführt zur schönen Sonnenzeit des Lebens? — Den Vortheil hat auch mein damalig Leben, daß ich die Sache jetzt besser verstehe und fühle, wie's thut, wenn das arm Mädchen sagt: Vater, Vater, du weißt

nicht, wie ich leide. Ja, Leidenschaft schafft Leiden, und ein ärger Leben und Treiben, als die
Liebe anrichtet, giebt's halt nicht auf dem ganzen
Erdboden. Hab's empfunden, weiß, lieb Mädelchen, wie das Weh einem ins Herz bringt, als
ob ein Raubthier seine Krallen an uns legte.
Und gar Mancher erfährt's nicht. Der geht und
holt sich die Frau wie ein Stück Vieh für den
Hausbedarf. Und nun kömmt's, daß Mann und
Frau sich einander stoßen in der Ehe und aus
den Kindern Rinder werden. Steht noch hell
vor mir mein damalig Leben, wie ich bin'rum
gezogen, ängstlich, verstört, ein Gespött der Un-
wissenden und altklugen Unvernünftigen; wie mein
Geschäft erbarmenswerth auslief, verdarb, wie
ich's auch trieb, und mir Alles, Alles abging in dem
Mädchen, dem Martchen, meinem einzigen Verlangen. — Erst gefiel mir Martchen nicht, da
ich sie sah unterm hohen Nußbaum des Eltern-
gartens zu Steinau im Klein-Dörfchen — nein,
gefiel mir nicht. Konnt's auch daraus sehn, daß
mir das Herz nicht ein Bischen froh schlug, oder
weh that, wenn sie bei mir war. Denn das
Herz giebt doch immer den Ton an, regt sich

nach Luft, will was, wenn uns ein artig Mädchen nah. ist. Nachbannig aber, da sie heimkehrte
von der Mäderchenschul zu Darmstadt, war's anders: ein ganz eigen Geblicke ging ihr aus dem
Gesicht; sie war so grad, aufrichtig, las fein,
schrieb nicht grob, knixte vor dem Herrn Pfarr wie
ein schlankes, wippiges Beinstürzchen. Alles an
ihr hatte sich verhübscht, war aufgegangen wie ein
Märzenveiel. Und wenn sie lachte, hell wie ein
Hedaglöckchen auf dem Hausärn, nicht so krach-
laut wie in den Stimmen der Dorfmädchen, war
herauszumerken aus dem Lachen, daß ihr Herz
mußte sanft sein und ihr Gemüth ein Gemüth,
das einen freuet. Nun gefiel sie mir um zehn-
tausend Gulden besser, mocht' sie ansehn wann
und wie ich wollte. Gar nicht mehr wie sonst
war mir zu Muth. Und wenn ich bei ihr saß
und ihre Händlein allbeide hielt, wenn sie mich
ordentlich anguckte mit ihren zwei klaren, braunen Augen, war mir's immer, als schenkte mir
einer was. Jetzt that's mir weh das Herz, und
in einemweg mußte ich an Veit Dietrichs Martchen denken, aufgewachsen wie ein Märzenveiel,
lachend wie ein Glöckchen, mit einem ganz eignen

Geblicke im Gesicht. Sagen mocht' ich's ihr nicht,
wie gern ich sie sah; weiß Gott, hätt's auch nicht
gekonnt, heut' nicht, morgen nicht und immer nicht;
noch weniger gewagt, sie zu küssen, nicht Einmal,
so große Lust ich auch manchmal gehabt. Denn ob
ich auch glaubte, sie meinte es gut, tanzte gern
mit mir; war die Freud' doch nicht rein. Der
abscheuligste Gram mengte sich hinein und ruft's
mir zu: wer weiß, der und der buxt sie dir weg;
und dann ist's aus, dann kannst du dich nur un=
ter die Erde bringen lassen. Sehn und mit ihr
sein. Du lieber Herr! immer wollt ich bei ihr
sein, bei ihr sitzen, mit ihr reden, und hatte nun
und nimmer Ruhe. — Spät in der Nacht war's,
da ich mich fort und hinüber mache ins Dorf.
Wir hatten den längsten Tag, es ging schon auf
den Morgen los und war kaum dämmrig. —
Husch durch die Gartenheck, stieg ich nun wie ein
Schleichdieb die Weinlatten am Haus hinauf nach
ihrem Kammerfenster. Das Fenster ist nicht zu,
daneben steht ein Bett und mitten drin liegt das
Mädchen, das ich so gut leiden mag. Zeit war
kein Körnchen zu verzetteln; also warf ich ihr
einen ganzer Arm voll Rosen, Nelken, Tulipanen,

Rosmarien, Aurikeln auf den Kopf und bin
stockstill. Sie erwacht, wählt aus dem Gebüsch,
nießt wie ein Holztäubchen mit träumerischem
Gerede: Wer thut mir da den Tort an? Gewiß
der Martin aus dem Blumengau .... Still
doch — still! und komm nur, Martchen, komm
nur, Martchen, komm an's Fenster. — Ja, ich
bin's, muß dich heut sehen, nur drei Wörtlein
mit dir reden. Eben hat die Glocke Eins ge-
summt. Tummel dich! — Fragt noch immer
wie im Traum: Was sagst du, Mart? — Ei,
komm nur wie du bist, gieb mir einen einzigen,
Kuß, Martchen, den kleinsten, den du hast, und
ich ziehe wieder ab! — Sie kam, kam wie sie
war im Hemdlein, weiß wie Schnee, noch halb
verschlafen mit einem rothgeträumten Bäckelchen,
und gab mir den Kuß, spitz wie'ne Thürmchen,
süß wie'ne Kirsche, und lacht ein wenig. Ich
mag wohl recht tief geseufzt haben, das lächert
sie oft, die Mädchen; sie hören's aber doch gern.
— Himmel und Erde! was mir der Kuß gut
that. Er war so recht frisch aus der Nacht heraus; und das Mädchen so betthübsch, kußheiß
und weich und nachgebisch. — Ein Roth- und

ein Weißröslein, die ihr im wuschligen Haar hingen, machten ihr Brautkränzel. — Martchen, ach
Martchen, hab' ich doch gemeint, du wärst nur
lieb in deinem Tagröcklein, dem engen; bist du's
doch auch in der Nacht, ohne das eng Röckl. —
Nun seufzt auch sie, eben so schwer wie ich; sagt,
kaum, daß es ein lebendiger Mensch versteht:
Meinst du's auch recht herzehrlich mit mir, Mart?
und sieht mich dabei an, wie sie mich noch gar
nicht hat angesehn in ihrem Leben. Oh, red doch
nicht so, Herzmädelchen. Käm' ich in der Nacht,
wenn ich dich nicht lieb hätte, recht aus Herzensgrund lieb — Ja, und bei der Gelegenheit wollt
ich eben dich ernstlich gefragt haben, ob du mich
willst, Martchen. Waidmann bleib' ich nicht,
dir zu Lieb, weil du doch das Schießen nicht gern
hast. Es ist schon abgemacht, ich sag' dir's. —
Lächelt wieder ein wenig, seufzt: Mir zu Lieb' —
da ich's Schießen nicht leiden mag — wär' schon
abgemacht? — Mart, ach lieber Mart, weil du
doch in meinem Herzen lebst, lang schon, Mart
— so nimm mich nur, da hast du mich. — Unter deinem Hausdach, unter keinem andern möcht'
ich wohnen. — — Und spricht kein Sterbens-

wörtchen weiter, schmiegt sich fest an mich und
weint — weint, ich seh's deutlich. — Ach, wie
die schönen Wörtlein, „weil du doch in meinem
Herzen bist," mir wieder gut thaten, und die
hellen Thränen, die ihr aus den Augen perlten.
— In jeder glaubt' ich den lieben Herrgott zu
sehen. — War nun Alles in Ordnung und ab=
gethan; der schwere Stein sank mir von dem
Herzen. Aber auch die Rebenlatte, auf der ich
stand, sank unter mir; und ich turkle, als ob's
auf ein paar Beine nicht ankäme, hinab. — Heda!
Diebe! Deiwel noch mal! schreit's in der auf=
knarrenden Hausthüre. Huhallah, faß', faß'! Und
Vetter Dietrich, der Schulmeister, bricht hervor
und schwingt mir einen Knotenknüttel nach. —
— Vetter ich, ich bin's! Der hört mit tauben
Ohren, und der Hund schlägt mir den Rachen
in's Bein. Ein Kuß und ein Biß. Hätte wahr=
lich mich noch zehnmal beißen lassen für einen
einzigen Martchenkuß. Aber der alte Veit kommt
zu mir, lacht des Diebs, der mehr will, als nach
dem Käsekorb klettern, und giebt mir sein liebst
Mädelein, giebt sie mir ehrlich und redlich. Und
Martchen legt mir nun selbst ein Pflaster auf die

Wade, nicht kleiner als ein Milchbrötchen; ein
zweites auf mein Herz, nicht größer als die halbe
Welt. Unruhe, Treibaus, Liebgram, fort waren
sie über alle Berge, und Himmelsfreude, Him=
melsfriede eingezogen in meine kindesfrohe Brust.
— So wurde sie mein Hausfräuel, aus Veit
Dieters Martchen, Walters Martha. Und welch'
eine Martha! Wie frauentreu und rechtschaffen
stand sie allzeit an meiner Seite, wie sanft war
ihre Hand, wenn sie um mich war in meinen
Leiden, wie mild der Trost, der aus ihren Lip=
pen in mein Herz floß. Der Pfarr hat ihn nicht
besser. Frei von allem Makel übersah sie meine
Fehler, betrübte mich niemals und erzog mir die
Kinder seelenrein und fromm. Bei Gott, von
ihr hab' ich gelernt. Sie hat mir gewiesen den
rechten Lebenswerth, gezeigt mir, wornach wir
sollen trachten in diesem Leben, damit uns gewiß
werde dereinst die himmlische Glückseligkeit. Mart=
chen, liebe, alte Mutter Martha, nimmermehr
werd' ich vergessen, wie schön du gewesen, was
du mir warst, was mir der Herr in dir geschenkt.
— Und nnn ihr theures Ebenbildel Lenerle, meine
Lenerle! Sollt' mich nicht verwunden dein Leid,

dein Weh im tiefen Herzen, du kreuzgut Kind?
— Aha, da liegts, da schauts endlich raus aus
den Fichten, das Rabenneſt.

Vor der Burg angelangt, endete Walters
Selbſtgeſpräch. Erhitzt vom Gehen, ſtrich er mit
einem zinnernen Kamm die langen, herabfallen=
den Haare von der hohen Stirn und trat dann
ins Gemach des Ritters Rodenſtein, der den an=
kommenden Gaſt nicht ohne Betretenheit empfing.
Im Rüſtkleid und allein ſaß er an einem von
Humpen beladenen Tiſch und bearbeitete kauend
eine große Wildkeule, die vor ihm ſtand. Seine
langen Beine ragten an der andern Tiſchſeite
wieder hervor.

Heiliger Gott, dachte Walter, was hat die=
ſer Rittersmann ſich verändert ſeit Jahresfriſt. Aus
allen Geſichtszügen blüht die Rohheit, die Verwor=
fenheit. Und ein ſolcher Mann nennt ſich Burg=
herr, gebietet und denkt vielleicht in der Folge
noch Graf, Fürſt, Herzog zu werden.

Ohne des Gegengrußes zu warten, erklärte
Walter dem Ritter, daſſ, wie er wohl möge vor=
ausſetzen, ſeinem Erſcheinen auf der Burg keine
andere Abſicht zum Grunde liege, als über das

plötzliche Verschwinden Heinrich Brabands, das
ihn und sein ganzes Haus mit Kummer erfüllt,
Auskunft zu erhalten, die er aufrichtig und son=
der Hehl erwarte von dem Herrn Rodenstein.

Der Ritter zog das Gebein unter der Tafel
hervor, stand aufrecht, sah Waltern an und zuckte
mit den hohen Schultern. Da thut's mir leid,
entgegnete er, euch nur ungenügenden Bescheid
ertheilen zu können auf eure Zufrage. Der Jä=
ger hat, nachdem er in der Morgenfrühe ausge=
zogen in's Gebirge, sich nicht wieder eingestellt
und mich selbst durch sein Fernbleiben in Verle=
genheit gesetzt. Wir alle liebten ihn. Wohin er
sich gewendet, was aus ihm geworden, weiß ich
nicht, weiß kein Mensch. Es mißfällt uns aber
höchlich, daß er ohne unsere Bewilligung einen
Ort verläßt, an den ihn banden Pflicht und Dank=
barkeit. Beim Himmel! ein völlig sträfliches
Verfahren. Ihr wißt, wie er vor geraumer Zeit
schon die Burg verlassen wollte; ich stellte ihm
Bedingungen, leicht und annehmlich; er hatte keine
Lust, auf solche einzugehen: der Hintergangene
bin ich.

Gebt mir auf meine Frage bessern Bescheid,

sprach Walter und trat dem Ritter näher. Hört mich. Jene Bedingungen, die ihr stelltet meinem Pflegesohn, da er eure Burg verlassen wollte, andere, die ihr, billig und gerecht, noch habt hintanzufügen, will ich, des Friedens halber, ein= gehn; euch auch, so es vonnöthen, dienstbar sein mit meinen Kräften, so wahr ich bin ein Mann von Ehre. Doch gestehen müßt ihr mir, was vorgegangen, wie es sich verhält mit Heinrich Brabands Abwesenheit. Hier haben, das leidet kein Bedenken, böse Hände ein Schelmenstück ge= übt. Weist mir sie an, die ihr kennen müßt, und macht euch des Verdachts frei, der auf eurem Hause ruht.

Ihr redet ungemessen —

Ohne Umschweif und wie es heischt die Noth, red' ich zu euch. Brabands Leben ist mir theuer. Ich gab, euch wohlbekannt, einem sterbenden Va= ter das heilige Versprechen, zu wachen für des Sohnes zeitlich Wohl, und werd' es halten. Ver= traut mir, wir sind allein. Und ist ein Fehl be= gangen seinerseits, so will ich gut zu machen suchen, was ich kann. — Rodenstein, sonst war't ihr ein anderer, ihr war't ein guter Mensch. Oft kam ich zu euch. Frohe Knaben, spielten wir mitsammen in dieser Burg. Auch euer Vater, obschon er manchmal den krummen Weg dem geraden vorzog, war doch redlich, war gerecht. Was ist aus euch geworden? Niemand erkennt euch wieder, und ein verwildertrohes Gesindel, das ihr Freunde nennt, vergiftete euch Mark und Bein. Rein und gut gab uns der Herr zur Welt; fehlten wir im Leben, soll das ernste Alter uns zu reuigen Menschen machen.

Ich vermag es nicht, andere Antwort, als die gegebene, euch zu ertheilen. Quält mich nicht.

Ihr könnt und müßt es thun, müßt gewähren, was ich darf verlangen. Doch weigert ihr euch länger, werde ich nach andern Mitteln, die mir zu Gebot stehen, greifen, euch dazu zu bewegen.

Der Ritter ging mit großen Schritten auf und ab. — Höchst wunderbar! Ein Geständniß soll ich leisten in einer Sache, die mir unbekannt ist. Und nun von Mitteln gar, die uns zwingen sollen, euch Red' und Rechenschaft zu geben, drückt ihr euch kecklich aus.

Erinnert euch, beliebt's, ob Zwangsmittel nie=

mals noch auf euch sind angewendet worden.
Jed' Verbrechen, groß oder klein, gelangt zum
Tageslicht. Das weite Reich kennt euer burg=
lich Hausen, euer Feldgeschrei und Feldgeschäft,
das nicht verwegner, als ihr's treibt, getrieben
werden kann. Seht mich nur an. Wo ein Un=
heil wird ausgeübt, gleicht es euch aufs Haar.
Und gefragt zum Ueberfluß, heißt's jedes mal:
Die Rodensteiner haben's angerichtet. Wollt ihr
auch Beweis von der Haltbarkeit und Dauer eurer
Geheimnisse? Ein Beispiel nur. Wo wart ihr
vor ein Monder fünf oder sechs, da ihr nächtig
auszogt in den Spessart, euer dreizehn an der
Zahl? Auf der Lausche lagt ihr, übtet Heldentha=
ten an schwach bewehrten Handelsleuten. Gelt,
da kamen unerwartet aus den Büschen flinke,
blinke Schwerter, derbe Kolben, die spielten Räu=
ber mit. Ihr verlort Buben, Rappen, Rüden,
saßt gefahndet mondenlang auf Huttens Steckeln=
burg im Kinzigthal. Und als ihr heimkamt, hieß
es hier gar fein, ihr wärt gewesen gen Gelnhau=
sen zum Turnier. Wollt ihr der Stückchen mehr
von tiefen Burgeheimnissen auf Rodenstein?

Schon zu lange schenkt ich euch Hörung.

Bricht nichts euer Schweigen, ist mein Blei=
ben nutzlos. D'rum noch Eins. Gedenkt der
Grafen Erbach. Nicht sag' ich das, weil unter
ihrem Schutze mein Gehöfte steht, sondern um
euch in's Gedächtniß zu rufen deren Macht und
Richtamt, so ihr bei bewies'ner Härte und Strenge
gegen treue Landesbewohner mehr denn einmal
schon habt kennen gelernt. Damit gehabt euch
wohl!

Rasch schritt Walter nach der Thüre.

Erzürnt und klirrend folgte ihm der Ritter.

Bleibt bei eurem Mahl! rief Jener, noch
einmal sich umblickend. Weder eure Stirne, noch
euer Schwert schrecken uns; und offen, ohne
Brückenzug und Graben steht mein Haus.

Indem Walter den Griff des Schlosses be=
rührte, erhob sich Raff, der vor der Thüre lag,
mit donnerndem Gemurr den Ritter begrüßend,
welcher sich zurückzog und die Thüre heftig in die
Angeln warf. Wie Walter in den Hof trat,
rangen spielend hier zwei große Wolfshunde mit=
sammen. Raff stutzte, erkannte Feinde in ihnen,
die einst bei einem Vorüberzug der Rodensteiner
schimpflich ihn in seiner Hütte überrumpelt hat=

ten. Er griff sie wüthend an, schleuderte den einen schwerverwundet in eine grünschlammige Mistputtelgrube; riß den andern nieder, der blut= bedeckt und heulend im Sand sich kugelte. Bei= des geschah mit Blitzesschnelle. Der Lärm, ver= mehrt durch das Geschrei und Gezisch der, ihre Brutnester verlassenden Thurmraben und Mauer= schwalben, war fürchterlich. Knappen und Mäg= de, aufgebracht ob der unabwendbaren Niederlage ihrer Hunde auf eignem Gebiet, liefen schimpfend Waltern über die Zugbrücke nach, indem sie andre Hunde heranlockten und, von Steinwürfen unter= stützt, auf den Feind zu hetzen suchten, welche jedoch keine Neigung empfanden, mit einem an= greiferischen Jagdhund von so kräftiger Gestalt und Stimme in ein Gefecht sich einzulassen.

Es hallt und halloht geheimnißvoll in den Felsgründen. Das deutet auf Krieg, Krieg, sagte Walter, der sich auf einen Waldstein niederließ und sann, welchen von zwei vor ihm liegenden Wegen, von denen der eine über die Gernssprenz, der andere gen Erbach führte, er wählen sollte. Raff, dem die Zunge zittrigheiß aus dem Halse hing, sprang mit den Vorderbeinen auf sein Knie,

sah ihn mit treuem Auge an, als wollt' er sagen:
Auch ich muß meinem Herrn Ehre machen. Dabei horchte das schöne Thier auf ein fernes Pfeifen, in welchem es das Kommen der Burgknap-
pen und Hundebuben witterte; es war aber der
Ton eines Weihs, der über den Buchen kreiste.

***

Während erfahrne Kundschafter die Umgegenden durchstreiften, alle aber, gleich Vater Waltern, mit unbefriedigender Botschaft zurückkehrten;
schweiften des leidtragenden Mädchens Blicke un-
ermüdlich hinaus in die Ferne. Bald glaubte
sie, Heinrichs grünen Hut, bald dessen Gesang
und Eilschritt zu vernehmen. Und immer war's
ein Schatten, ein Vogel, der durchs Heinlaub
flatterte. Sie besuchte die Nachbarorte, forschte,
lauschte, wo Zwei sprechend zusammenstanden, als
wäre Er der Gegenstand ihrer geheimen Bera-
thung; hörte das kriegerische Geroll der Trom-
mel, dem er folgte ins grause Getümmel, das
Schwirren der Kugeln in den Lüften; sah ihn
auf blutiger Bahn im heißen Kampfgebränge,

gefangen, schmachtend im Burgverließ. Und die
Pein der folternden Ungewißheit lastete mächtig
auf ihr. Trüb und gebeugt besorgte sie das Haus=
geschäft, wartete ihres Blumenamtes, suchte dann,
ihrem Gram nachzuhängen, die dunkle, einsame
Laube und blickte, leise redend, nieder auf zwei
Blümchen ihrer Hand, die der Nachtsturm ge=
knickt hatte.

— Das war die Stunde, in der er zu mir
kam, die Stunde, in der es erklang, sein Hüft=
horn, durch den Wald — lange, lange, wie der
Liebe Gruß in meiner Seele . . . . Jetzt rauschte
es im Laub; nun stand er vor mir mit frohem
Auge, gebräunt von der Sonne, umweht von
Eichenblättern, sein schönes Angesicht; und schloß
mich an sich, so lieb, so heiß, so fest, ich hätte
sterben mögen vor Freude . . . . Nichts fehlte
mir da. — Traulich half er mir im letzten Abend=
werk. — Lieb Magdlenchen — Magdlenchen mein
— sprach er zu mir — Oh `lieber Gott, nichts
fehlte mir auf der weiten Welt! . . . Dein Ring=
lein, das du mir gegeben, will ich niemals von
mir lassen; die Sonne wirds nicht bleichen, die
Kälte nicht sprengen, die Erde nicht verwandeln

in Erde — will treu bleiben, wie dein Gold....
Wär' ich doch ein Sternchen, das kleinste, das
am Himmel steht; wollt ich dich bald finden,
wollt dir tröstlich blinken — wär ich ein Streif-
lein Mond nur, dein Nachtlager sollte hell sein....
Lebst du nicht mehr, so komm, zeig' mir an den
Ort, wo du ruhst, damit ich breche die Blume
deiner Seele, die aus deinem Erdenhügel sproßt
und lege zu meinem Herzen — Das will ich
gern thun. — Heinrich, lieber Heinrich, wo weilst
du? Ich rufe dich, und du hörst mich nicht! —

Das Auge des Bösen gleicht dem giftigen
Nachthauch. Auf was es fällt, das verkümmert,
verdirbt. Der Fuß des ausgestoßnen Menschen
hinterläßt Spuren einer schädlichen Einwirkung,
wo er den Boden berührt.

Diese Meinung des Volks von der geheimen Macht und Wirkung böser Menschen theilte
nun auch Magdalene. Wenn, wie es nicht selten geschah, der Nachbarin Bild sich vor ihr
aufschlich, wie eine schwarze Gestalt der Finsterniß, wenn sie die grauenhaften Ereignisse, deren
Herd ihr nebliches Felsenhaus war, vereinte mit
den Dingen, die ihr jetzt von verschiedenen Sei-

ten zu Ohren drangen, welche die Sinnesweise
der gefühllosen Frau außer Zweifel setzten; so
glaubte sie, nicht lange suchen zu dürfen nach
der Urquelle ihres Leidens. Ja, es wollte ihr
bedünken, als wenn die Blumen und Gräser des
Gartens krampfhaft sich hätten zusammengezogen
unter den Schritten der Falschgesinnten seit ihrer
jüngsten Anwesenheit.

Und mehr und mehr von Tag zu Tag stei-
gerten sich Magdalenens Angst und Besorgnisse.
Aber das bewegte Herz, das sie ruhelos von
einer Stätte zur andern trieb, gab ihr endlich in
dem einfachen Gedanken, sich selbst zu helfen, wo
kein Trost zu finden, keine Hülfe mehr zu erwarten war, sich selbst zu erheben und den, dem sie
ihr Dasein geweiht, ohne den sie nicht zu athmen
vermogte, zu suchen ohne Säumen bis sie ihn gefunden, das beste aller Beruhigungsmittel an
die Hand, dessen Ausführung, Mühen und Beschwerden, erwogen und verglichen mit den Nö-
then und Bedrängnissen so mancher Waller und
Gefährten des Unglücks, die mit Lebensmuth über
die Erde pilgerten, ihr nur leicht und gering
schien. Höher hob sich ihre Brust bei dieser Vor-

stellung; es jauchzte das Herz der That entgegen,
und in der Freude der Begeisterung ihres jugend=
lichen Gemüths warf sie sich mit dem Geständniss
ihres Vorhabens und dem kindesheißen Flehen
um Gewährung ihres Wunsches, eines Wunsches,
der allein ihr Leben und Beruhigung werde wie=
dergeben, in die Arme der geliebten Eltern. Der
Vater staunte ob eines solchen Verlangens, die
Mutter entfärbte sich. Was verlangst du, mein
Kind? Du willst uns verlassen? hob der Vater
an. Beruhige dich annoch, bis wir Nachricht
erhalten von den Freunden; ich habe die Sache
wohl erwogen, aufs sorglichste eingeleitet und nicht
minder die Base von dem Ereigniß in Kenntniß
gesetzt. — Denkst du auch an deine Mutter? fuhr
Frau Walter fort. Wenn ich dich verliere, Gott,
dann bin ich allein, und zu Ende läuft mein Le=
bensfaden. Magdalene barg ihr Angesicht, fühlte
sich jedoch bald gekräftigt zu dem Ka.npf, der
nun sich entspann zwischen Eltern und Kind.
Doch welche Sprache jene auch führten, in wel=
cher mächtigen, überführenden Gegenrede Beide
auch der geliebten Tochter das Gefahrvolle ihres
Wagnisses zu schildern versuchten; sie waren nicht

vermögend zu gebieten der Sprache der Liebe, die einer Leidenschaft entsprang, welche stärker war als Vatergewalt, als Mutterwort, und vor deren sieggewohnten Kraft alle Einwürfe niedersanken, alle Hindernisse sich als nichtig erwiesen. — Da zog der Vater die standhafte Tochter an seine Brust und sprach: So gehe denn, da du gehst im Glauben an den hilfreichen, ewigen Gott, der dir Muth und Stärke leihen möge; gehe, du wirst unsers Schutzes nicht bedürfen. — Ich habe Al= les reiflich bedacht, sprach Magdalene mit edler Rührung, umschlossen vom Arm der Mutter, die sie mit thränenerfüllten Augen an sich gezogen hatte. Ich gehe mit Gott, der in meinem Her= zen lebt und mich ermächtigen wird in meinem Beginnen. — Glanzbelebten Auges, beflügelt von der Hoffnung und dem seligen Gefühl, ihn, den Theuren, wiederzufinden, heimzukehren an seiner Seite ins Elternhaus, flog nun das frohe Mädchen nach ihrer Stube, um sich vorzubereiten für ihren Ausflug, der auf den morgigen Tag festgesetzt war. Hier nahm sie ihre ganze Habe zu Rath, aus welcher das Beste und Brauchbarste für ihn sollte gewählt und mitgenommen werden. Nach

einem Sparbeutelchen langte sie zuerst. Es war
angefüllt mit kleinen und großen, alten und neuen
Silbermünzen, unter welchen viele nagelneue,
mainzer Martinsgroschen sich bemerkbar machten,
die sie mit manchem frohen Seufzer, sie möchten
ihm in der Zukunft wohl einmal nützlich werden,
sich abgezogen und gesammelt hatte. Nun sollte
er sie haben. Drei schöne, längst für ihn be=
stimmte Hembter aus dem großen, knarrenden
Leinenschrank, selbst gesponnen, gebleicht, mit Hanf=
zwirn genäht, mit seinem Namen versehen, legte
sie für ihn hin; einer schwarzen Strapazenhals=
binde folgte eine weiße Nachtkappe, zipflich zuge=
spitzt, wie die Herren Bürgermeister sie Sonntags
zu tragen pflegen; dann ein Paar starke Zwickel=
strümpfe, ein Nastüchlein, ein Schwämmchen, ein
geschontes Fläschchen recht guter Magentropfen;
und versteckt endlich in geheimer Falte des Ge=
wandes verwahrte sie einen scharfen Stahl nebst
Feile, damit er, so es Noth thue, der Banden
sich möge erledigen, die eine feindliche Hand ihm
auferlegt. Lächelnd unter sanftem Heben der Brust
deckte sie ein Tuch auf sein Eigenthum, eilte in
den Garten, legte selbst mit ungewöhnlicher Stärke

und Eile die Leiter an und brach die schönsten
Birnen, von denen sie wußte, daß sie sich hielten
und nicht leicht in Mulm übergingen, von den
Baumzweigen, ließ auch wohl ein Thränchen
darauf fallen und vertraute den kleinen Vorrath
einer besondern, dem Rücken zubestimmten Tasche.
Niemand durfte ihr helfen.   Dann gings zum
eignen, anspruchlosen, einfachen Gewand, dem sie
den Wanderstab beifügte; und Alles war in bester
Ordnung.   Schlaflos brachte sie die ganze Nacht
zu.   Der Morgen kam, und heiter und ruhig als
führe ihr Weg nur über die nächste Feldmark,
nahm Magdalene Abschied von Vater, Mutter
und Susannen, welche Alle eine Bergstrecke weit
der guten Tochter das Geleit gaben und glück-
und segenwünschend ihr noch lange nachschauten,
bis sie unter den Bäumen, so die fernen Höhen
krönten, verschwand. — Nun war sie allein, rings
von Wald und Gebirg eingeschlossen.   Nun stand
sie allein mit Gefühlen, die sie niemals empfunden hatte in ihrem Leben.   Aber über ihr wölbte
sich der Himmel, im Sonnenglanz lachte die schöne
Erde.   Als Magdalene dahin gelangte, wo ein
Stein die Grenze des heimischen Gebiets bezeich-

nete, stieß sie nach Pilgerweise den Stab in den
Boden, entblößte ihr Haupt und kniete nieder....
Lieber Gott, floß es in Demuth und Ergeben=
heit eines reinen Herzens von ihren betenden Lip=
pen, behüte mich, führe mich auf meiner Bahn.
— Ich habe dich immer lieb gehabt, du weißt
es; wenn meine Seele bebte, fühlte ich deine
Nähe, deine warme Hand. — Ich blicke auf zu
dir, sehe leuchten dein Antlitz im blauen Wölkchen
über mir! — Laß mich ihn wiedersehen, den
meine Seele sucht, wenn es dein heiliger Wille
ist. — Mein Herr, mein Gott der Gnade! ohne dich
vermag ich keinen Schritt weiter zu setzen; wenn
du bei mir bist, bin ich ohne Furcht. Amen! —
Freundlich neigten die Engel an den Pforten des
Himmels sich herab zum Gebet des flehenden
Mädchens; die Blätter der jungen Linde, unter
der sie kniete, lispelten Töne der Erhörung und
Beruhigung, und gestärkt erhob sich die Knieende.

So zog Magdalene, das Pilgermädchen, wohl=
gemuth über Berge, Felsen, Bäche, durch Dör=
fer, Wälder, Thale. Wer am Morgen von der
Berghöhe hinabschaute zur Thaltiefe, sah die Ge=
stalt eines alten Kräuterweibchens durch Wild=

und Wegedorn eifrig dahin eilen; wer am Abend
aus dunkelndem Thal hinaufschaute zu den Höhen, die noch im letzten Glimmen der Sonne
lagen, erkannte wiederum die wandelnde Alte,
rastlos fortschreitend auf steiler Heerstraße. So
zog Heinrich Brabands getreues Lenchen Walter,
vermummt in einem schwarzen Kapuzenrock, den
Stab in der Rechten, den Frühling der Sehnsucht und Liebe im glutherfüllten Innern von
Wald zu Wald, von Berg zu Berg, von Burg
zu Burg wandernd dahin. Ach, nur sehen, ein
einzigmal nur sehen wollte sie ihn, von der Gewißheit seines Lebens überzeugt sein, ihn grüßen
mit liebgewohntem Auge, laben, verbinden mit
sanfter Hand, wenn er krank geworden oder ver-
wundet liege auf harter Erde, und zu stillen versuchen sein Leid mit dem mildesten Zuspruch, dessen ein treuebeweisendes Gemüth nur fähig wäre.
In jeder aufsteigenden Burgzinne, in jedem goldnen Burgknopf, der aus der Ferne ihren fliegenden Blicken entgegenschimmerte, stieg auch die
goldene Hoffnung, den Verlornen zu finden; und
getäuscht und abermal getäuscht sank ihr Auge
zur Erde nieder. Da zogen Mönche vorüber.

Da wankten Trollbrüder des Wegs einher. Sie
hatten keinen Trost für sie. Da erschienen markt-
waarenbeladene Kaufleute, Wallfahrer, die einem
G renorte entgegensteuerten. Hier kamen Moos-
weiblein, Kützenträger; dort sangen frohe Schild-
knappen, dienstbar dem schweizer Burgherrn von
Attinghausen, Landleute, Handwerker vom Dom-
bau zu Ulm. Niemand blieb unbefragt; doch
Keiner nickte theilnehmend ihrer Frage, Keiner
erleichterte ihr die Seele. Und wo ein schwacher
Stern aufstieg am hellen Himmel der Freude,
verschlang ihn bald wieder eine trübe Wolke.
Sie klopfte an jedes Berghäuschen, an jede ab-
gelegne Waldhütte, bittend, behutsam forschend;
trug geduldig den Schmerz, abgewiesen zu werden mit rauhem Ton. Sie fühlte nicht die sen-
genden Sonnenstrahlen, den Regen, der ihr Gewand benetzte; noch erfüllte sie mit Grauen die
menschenverlockende Nachtgestalt des irrenden Tod-
tenweibes, die im brausenden Sturmwind ihr auf
den Fersen folgte von Klippe zu Klippe nach
jähen Abgründen, nach finstern Waldschluchten.
Sorglos ruhte sie im thauigen Gras unterm
freien Sternenzelt und der Schutzgeist der Men-

schen, der ein reines und gläubiges Gemüth nicht
verläßt, stand mit leuchtendem Schwert an ihrer
Seite, zu verscheuchen die Gefahren, die ihrem
Lager nahten.

Magdalene ließ sich zuweilen, erschöpft von
Gehen und Bergsteigen, unter einen schattigen
Baum nieder und weidete das Auge an den
mannichfaltigen Gegenständen der Natur. Grüne
Weiden, fette Wiesen, wogende Saatfelder, ein=
gefaßt von bunten Kornblumen und Feldrosen,
über welchen die feinen Rauchwölkchen der „ko=
chenden Hasen" schwebten, lagen vor ihr im erfri=
schenden Hauch der Morgenluft. Fern funkelte
ein Strom, der Rheinstrom, hinter dem eine
thürmige Stadt sich ausdehnte. Bewaldete, sanft=
geröthete Berge ruhten am morgenblauen Him=
melssaum. Zu ihren Füßen lag ein Dorf, auf
einem nahen Hügel befand sich ein alter Warte=
thurm mit einem großen Nest, in welchem der
Storch saß. Kleine Mädchen spielten fröhlich
auf einer Wiese voll Butterblumen, wie auf einer
goldnen Decke. Sie riefen dem Meister Lang=
schnabel, er sollte ihnen ein Brüderchen brin=
gen; und lockten den springenden Lämmchen am

Warterain. Ein Kirchhof mit Denksteinen, Kreu-
zen, Kränzen voll Knittergold schloß sich an die
Wiese. Die stille Ruhestätte, das kleine Kirch-
lein das sie enthielt, die Hügelblumen, gereinig-
ten Wege, grünen Waldrosengehege und Reben-
gelände, welche sie umgaben, gewährten einen
beruhigenden Anblick. Und wenn Magdalene in
der Vorstellung, daß wer die Todten ehre, sie
auch müßte im Leben geachtet haben, den Beweis erkennen wollte von der Liebe der Ortsbe-
wohner, so erheiterte sie das Anschauen der reinlichen, hellhaarigen Spielkinder, in welchen sie
eine sorgende Mutter zu sehen glaubte. — Nun
nahm Magdalene die letzte Wegekost, welche aus
einem Stückchen Braten eines Rehs bestand, das
Heinrich noch erlegt hatte für den elterlichen Haus-
stand, herbei, um es zu verzehren. Und bald
stellten von allen Seiten Gäste sich ein, die ge-
neigt waren, Theil zu nehmen an diesem Mahl.
Die gemischte Gesellschaft bestand aus deutschen
und spanischen Fliegen, Schaben, Rohrsperlingen,
Wespen, Knackkäfern, Flormücken und einem
Spitzmauspärchen, das scheu noch vor seine
Erdhöhle hielt, aus welcher, gleich geglätteten

Landstraßen, zackige Laufgräben durch das Rain=
gras liefen. Erstaunt über den feinen Geruch
und die Schärfe der Augen der Thiere, streute
das Mädchen ringsum Futterkrümchen für die
herandringenden Gäste, betrachtete einen wunder=
lichen „Müllermüllermaler,“ der mit seinem klei=
nen Leib auf acht hohen Stelzbeinen angetrap=
pelt kam, legte der zierlichen, mit langen Fittigen
und goldnen Kugelaugen geschmückten Flormücke
ein besonders Körnchen vor und sprach: Groß
und Klein, kommt her. Wir sollen nichts allein
genießen von unsern Gaben und auch der Be=
dürftigen und Nothleidenden denken, nach dem
Spruch der Weisen . . . . Die armen Thiere!
Sie leben und wollen des Lebens froh sein. Ein
Windstoß wirft sie nieder, ein Fingerdruck ver=
nichtet sie. Haben wir auch ein Recht, ihnen das
kurze Leben zu nehmen, wenn sie uns einmal
lästig werden? Wo steht es geschrieben? Erlaubts
der Glaube? Gebietet es die Vernunft? Wie aber
gewißlich keines Menschen Dasein, welchem Stande
er auch angehöre, ohne Deutung und Gewinn
sein mag für unser Leben, so mag auch der
kleinste Vogel und Wurm einen Zweck des Da=

seins haben, sonst würde sie der Schöpfer nicht geschaffen haben. Wir kennen ihn nur nicht.

———————

Nachdem Magdalene das wilde, weglose Gebirge nach verschiedenen Richtungen durchwandert hatte, senkte sie sich herab in die Ebene. Jetzt war der Rhein erreicht, hinter dem die hochbethürmte Stadt sich ausdehnte. Es war Worms. Die Sonne ging auf, die Stundenglocken schlugen, als sie an die Brücke kam. Da das Thor noch verschlossen war, wollte sie durch ein Nebenpförtchen eingehn. Ein Lanzknecht hielt ihr einen Spieß vor und rief:

Halt, Kerl! Geh und rede — wollt ich sagen — steh und gieb Rede, oder ich stech dich über'n Haufen!

Bin gar kein Kerl, antwortete es.

Kein Mannskerl? Kannst du was anders sein?

Wie einer so fragen mag.

Schau, sprach der Lanzknecht mit gemüthlicher Stimme. Ja, wenn du kein Mannsbild bist,

wirſt du ein Weibel ſein. Das iſt ausgemacht;
ich merks auch ſchon an der Stimm', die geht
ganz anders. Nun, nimms nicht verübel; träumt
ich doch eben von meinem Mariannel, davon
rührts Geſchrei. Aber wo willſt denn du hinaus,
Schwarzkäppel? Schaut doch der Tag kaum aus'm
Himmelsthürel. Kannſt mir's anvertraun. —

Durch die Stadt will ich, weiter und immer
weiter gehn in die Welt fort, bis daſſ ich finde den
Liebſten mein, den ſie mir mitgenommen, wegge=
riſſen von meinem Herzen, die grauſamen Men=
ſchen. Gott weiß, wo ich ihn mag finden. —

Jetz' hör' auf, ſprach der Lanzknecht, hör'
auf, wo du mich nicht todtbetrübt willſt machen.
Da geht dirs ja grad wie mir; auch mich haben
ſie fortgeriſſen aus der Heimte, mir mein Mädel,
hieß Mariannel, geraubt und ins Kloſter unter
die Nonnen gethan.

Oh, du armer Menſch!

Der Lanzknecht rückte den Krämpenhut in
die Höhe, ſein offnes Geſicht wurde frei. Er fuhr
fort: Von hier bin ich nicht, wenn du glaubſt;
bin aus Böhmenland, aus Prag, der viel ſchönen
Stadt. Dort haben ſie erſchlagen meinen recht=

schaffnen Vater, ins Gefängniß geschleppt meine Mutter, die gut Frau, und Mariannel, mein herzliebs Mädel, ins Nonnenhaus geführt.

Das ist ja himmelschreiend. Warum denn, wer denn? So sag's doch.

Erschlagen meinen Vater, Mutter und Mariannel eingesperrt, und mich als einen Missethäter aus dem Land getrieben; das haben gethan die grundverderbten, bösen Menschen. — Vergangen ist schon manch Jahr, du magst's wissen, da sie den tugendsamen und frommen Magister Huß, den wir hatten auf der hohen Schul zu Prag, eingekerkert, mißhandelt, grad so, wie einst gethan die gottlosen Juden, als sie unsern Herrn gefangen hielten im Gärtlein, und flohen seine Jünger und das Volk vor dem entsetzlichen Greuel, ihm endlich auch den Tod gegeben mit fürchterlicher Pein. Und weil mein Großvater selig, der gelebt dazumal, ein Anhänger gewesen der neuen Lehr des frommen, vielgeliebten Meisters und Herrn, auch erwürgt worden von den Sündebefleckten, je treuer war nun mein Vater zugethan den Verheißungen und Tröstungen des heiligen Mannes, je eifriger warens meine Mut-

ter, Mariannel und ich. Deß hatten sie ein gar
scheel Angesicht auf uns, haßten uns, gaben sich
aber das Ansehn, als wüßten sie von nichts.
Ach, liebs Weibel, das war's nicht allein, wenn
du glaubst, daß wir's anders hielten in unserm
Sinn und Gebet, und festhielten an den wahren,
himmlischen Gott. Nein, ach nein. Habsucht,
Habgier warens, darum, daß mein Vater, ein
wohlhabender Bürgersmann, nicht mehr wollte
willfahren, wie er gethan schon so lang, dem Ver=
langen der Kapuziner, die kein Ende hatten des
ewigen Bittens und Bettelns für ihr bedürftig
Kloster, das im Ueberfluß lebte. Denn war einer
dagewesen, kam der andere; war der fort, er=
schien der dritte. Erst sollts sein ein Geschenk
für die Gnadenmutter, dann eins fürs Jesuskin=
del, nachher eins für die heilige Ludmilla und
den Nepomuckel. Und war gestern ein Fässel
Wein hinübergerutscht in den Klosterkeller mit
Lebensmitteln aller Art kaum zum Unterbringen,
gab's heut ein neu Anliegen, wofür uns die Hei=
ligen im goldenen Himmel Glück und Segen
würden angedeihen lassen. Der Vater aber und
die Mutter überführt, daß die milden Gaben

nimmer geopfert würden den Heiligen, sondern
anheim fielen den leichtsinnigen Dienern der Kirche, wollten nun und nimmermehr eine Gabe ver-
abreichen, nicht in Güte, nicht in Zwang. Lich-
terloh brach jetzt die Hetzerei aus dem scheinfrom-
men Volk, und die, die schon so viele Schuldlose
verfolgt, verschrien, verfolgten nun auch uns als
die schwersten Sünder. Und der Habgierigsten
einer, ein Mönch, den sie die Kapuzinertonne
nannten, schafft und ruht nicht, bis er uns Alle
ins tiefste Elend gebracht. Ach, das war dir ein
Geschöpf von einem geistlichen Mannsbild! Wer
ihn einmal nur angeschaut, hatte genug: ein Paar
winzige Augen flammen aus seinem breiten Gesicht, an dem das Fleisch fett und schlampisch
abwärts hängt; und Kapuzinertonne hießen sie
ihn, weil anzuschauen sein Leib nicht anders, als
ein Weinfäßel. Sag', kann Eins mit Ehrfurcht
und Vertrauen nahen einem Mann Gottes in solcher Gestalt? Kanns beichten gehn mit Andacht;
erwarten, erlöst zu werden der Sünden von einem
Pater, der, voll Bosheit und Hinterlist, im Un-
maß lebt und selbst sündigt? Hat er das dicke
Gesicht vom Beten? hat er den Leib vom Fasten,

Kasteien, nächtlichen Wachen und Knieen vor unserm Herrgott? Lieb Weibel, red nur, ob das recht gelebt heißt, gelebt in christlicher Gottesfurcht? Also hats der falsche Kapuziner getrieben immer weiter in der Verläumbung. Und die Obern des Klosters, die alles geglaubt, wie er's ersonnen und ausgesponnen, sind eingebrochen in der Nacht mit bewehrter Mannschaft, haben den Vater hart angegangen in wüster Sprache, wie er's gehalten geheim mit den Feinden der alter Kirche; haben Kasten und Schränke durchwühlt und die heilige Schrift*) zu Boden geworfen, zerstampft mit den Füßen. Und da der Vater widerredet in vernünftiger Antwort und sich widersetzt der abscheulichen Behandlung im eignen Haus, schlagen sie ihn zu Boden, schleppen die Mutter ins Bewahrniß und nehmen das Bäsel, das gerad bei uns gewesen, mit ins Kloster. Und ob ich auch gehauen unter die Unmenschen wie ein Löwe, gerufen draußen auf der Gasse nach Hülf und

---

*) Außer mehren werthgehaltenen Bibeln aus dem fünfzehnten Jahrhundert, wird auch die kuttenberger Hussitenbibel von Familien und ganzen Gemeinden noch jetzt in Böhmen als ein Heiligthum aufbewahrt. Bohemus „der Verwiesene" Leipz. 1829. Thl. 1.

Beistand, ist doch keine Seele mir beigestanden
in Christenweise. Und sie haben mich mit grober
Faust geführt zur Wach' ins Jesuitengässel und
mir gedroht mit ewigem Gefängnißlager, so ich
nicht abließe von dem alten Wandel. Da ich
ihnen gesagt, wie ich nimmermehr wollte lassen
von meinem wahren Glauben, lieber wollte aus-
halten Marter und Todpein, haben sie mich ver-
kauft den Kaiserlichen an der Gränze, die mich
mit sich genommen hinein nach Wien in die groß
Stadt. Mußt jetzt Lanzträger stehn im rauhen
Kittel, liegen auf unreinem Stroh, ich, der Sohn
einer Familie, ehrbar, bekannt schon in alter Zeit;
mußt Schimmelbrot genießen, daß sich Gott erbarm, und hab gehabt ein fein Brot, konnt mich
freuen am Blut der Reben im Mutterland. Und
gbes kein Beileid, kein Menschenherz, das mich
angehört, mir die Hand geboten im Elend. Hab
schon tausendmal angefleht den Herrn unter den
lieben Engelschaaren, gesund zu erhalten mein
Mütterchen im finstern Eisenhaus und dem Mariannel nicht abwelken zu lassen die Röslein, die
ihr aus den Wangen schauen. Ach, darf ich nicht
wiedersehn mein treu Mädelein, mein gut's Müt-

terlein, mag ich lieber eingehn in den hohen Him-
melsgarten, wo's Friede hat und Ruh immerdar.
Du allergerechtster Herr Jesu Christe, schau auf
mich, erbarm dich meiner! . . .

Wirf weg von dir deinen Spieß, schlag zusammen, was sich dir widersetzt, und fall nieder
und horch auf; dann wird's der Geist Gottes
leis, leis dir eingeben in die Seele, was du thun
sollst. Eil ist noth. Flieh, so es noch Zeit ist,
in dein Heimland. Den Weg können sie dir
nimmer absperren. Im Wald kannst du ausruhen
und gesunde Beerlein essen, wie auch ich gethan
habe. Der Verstoßene findet immer ein warm
Herz, das sich seiner annimmt. Such' und tröste
und rette dein Mädelchen. Ach, wär' ich nicht
so tief betrübt, ich folgte dir gern und stände dir
bei in deinem Unglück.

Gut's Weibel, du hast Recht, seufzte der
Lanzknecht, und sah sich um. Hab's schon zweimal versucht, davon zu gehn, sie haben mich wieder eingefangen. Aber ich bleibe nicht länger,
es ruft mir aus der Ferne; ich muß fort — —
Still, die Bärenhäuter auf der Wach regen sich.

— Geh deiner Weg, und behüt dich Gott, bis
wir uns einander mal wiedersehn.

Hastig nahm Magdalene ihr Geldtäschchen
hervor, griff nach den hellen Martinsgröschlein
und einigen alten prager Silberstücken, gab sie
dem Lanzknecht, und reichte ihm treuherzig noch
die Hand zum Abschied, der, eine Thräne im
Auge, auf seinen Spieß gelehnt, ihr unverwandt
nachschaute. —

In den reinlichen Straßen der Stadt herrschte
noch Stille. Hier und da ging eine Hausthüre
auf. Ein Metzger mit dem Messer im Mund
hing dampfende Würste ans Ladenfenster; aus
lärmiger Schmiedewerkstatt sprangen Funken auf
das Straßenpflaster; ein Färber mit blauen Händen guckte schimpfend nach dem Schornstein des
Nachbarhauses, auf dem ein singender Schlottfe-
ger saß und ihm Kalk auf sein ausgehängtes
Tuch warf; eine alte Familienmatrone in weißer
Spitzenbetzel und ein alter Mann, die noch nicht
ausgeschlafen hatten, sperrten einander das Maul
auf. — Nun erklang ein helles Mettenglöckchen;
und eine hohe Kirche, der vierthurmige Dom,
stieg vor Magdalenen auf. Die Thüre war schon

erschloſſen. Sie ging durch die Heiligen des Got=
teshauſes, welche in weißen Gewänden, lieblich
angeſtrahlt von der durch die bunten Fenſterſchei=
ben ſchimmernden Morgenröthe, zu beiden Sei=
ten herabſahen; ließ ſich nieder in der Nähe des
Altars; dachte mit heißem Herzſchlag an die El=
tern, den lieben Heinrich und ſchloß auch den
Leidensgefährten, den armen Lanzknecht, in ihr
Gebet. Als es hinter ihr kniſterte und hüſtelnde
Kirchengänger kamen, entfernte ſie ſich wieder.
Ein Blick auf einen Nebenaltar zeigte ihr das
Bild der betenden Urſula, ganz in der Geſtalt,
wie es in ihrem Stübchen hing. Und mit ſeinem
Anblick zog ein himmliſcher Heimlandsgruß ihr
durch die Seele. — Eine ſchöne Straße führte
nach dem Thor. Der angenehme Brotgeruch, der
ſie erfüllte, erweckte ihr Luſt, etwas zu genießen.
Sie trat vor ein Fenſter, wo eben ein Burſch
Brot, Bretzeln, Zuckerringeln auslegte; wählte
ſich ein kräftiges „Hanjöſtchen Schwarzbrot,“ und
freundlich ſprach der Bäckerburſch: Schwarz Brot
iſt gar geſund, es macht die Backen roth. Du
haſt aber rothe und ſollteſt dir ein Weißbrötchen
nehmen. Nun, weil du's biſt, und weil's der

Bäckerei Nahrung verspricht, wenn ein Mädchen
zuerst ihr was zu lösen giebt, sollst du die braune
Butterbretzel noch drein kriegen. Da, verzehr
sie gesund! — Wie Lenchen dankend ihm die
Hand gab, hielt sie der Bäckerbursch an einem
Finger fest und sagte: Ei, was du für ein hübsch
Mädchen bist. Ach gern käm' ich ein bischen
heraus zu dir, ich kann aber nicht gehen, bin
mit einem Sack Mehl von der Treppe gefallen
und habe mir ein Bein gebrochen. Ja wohl
thuts weh. Komm bald mal wieder und leb'
wohl! —

Wie ein bilderreiches Buch lag aufgethan
die weite Landschaft vor der Wanderin. Die
Sonne stieg und lieh Feld und Hügel Schimmer und Pracht, weckte die Blumen, mit denen
die Wiesen, so weit das Auge reichte, gestickt
waren, an deren Häuptern noch der glänzende
Thautropfen hing. An einigen Orten wurde
schon Korn geschnitten, das in schweren Aehren
erdwärts sich senkte. Bloßarmige Dirnen in
blaubändrigen Strohhüten, rothgrüngesäumten, kurzen Röcken schwenkten die Sichel; geschäftige
Hembsärmelmänner knebelten die Garben, welche

Hauf an Hauf gethürmt in langen Linien wie
Kriegszelte das Stoppelfeld bedeckten. Die Mäd=
chen lachten, sprachen von ihren Brunnenbe=
kanntschaften und Sonntagsliebsten, nickten den
Vorübergehenden zu und stimmten lustige Lieder
an; Kinder haschten nach schnurrenden Heuhüp=
fern und guckten in die feldbegrenzenden Weiß=
und Schlehdorn=Hecken, auf deren äußersten Zwei=
gen der verzagte Neuntödter saß und sein gefähr=
detes Nest bewachte mit bangem Laut. Am
Stamm einer Weide lehnte ein Fischer; er warf
die Angel in den Bach und sah zuweilen sehn=
süchtig auf nach der nahen verfallenen Bergburg,
deren Gemäuer langbärtige Ziegen durchkletterten;
und unter einer Eiche saß ein Hirte, der traurig
in sein Horn stieß. — Das Auge fiel auf ein
schneeweißes Fahnenschloß, das aus schwarzen
Tannen leuchtete, hinter einer Buchenwand ver=
schwand, wieder kam und in einem vor ihm ste=
henden Seegewässer sich spiegelte. Ringsum von
einem hohen, eisernen Gitterwerk umschlossen,
glich das Schloß einem Wunderschloß, in wel=
chem wohlthätige Feen schlafversunken ruhten.
Alle Fenster waren mit rosenrothen Vorhängen

verhüllt; stolze Schwäne, eingeweiht in die Ge=
heimnisse des Schlosses, zogen wie bestellte Wäch=
ter ernst und verständig durch die stillen Fluthen
des Sees. Tiefe Schweigsamkeit herrschte auch
in dem von den seltsamsten Gewächsen, Blumen,
Gräsern erfüllten Schloßgarten, welche alle, wie
in Schlaf vergraben, ihre Häupter neigten. —
Da kam ein heitres Winzerhäuschen in einem
rebenreichen Berggärtlein. Vor der Thüre saß
ein Pärchen und blickte trüb hinaus in die Ferne,
aus der die windbewegten Flaggen eines Rhein=
schiffes wehten, das die Liebenden trennen sollte.
— Hier stand ein Wegkreuz, dort ein Bildstöck=
chen, tief unten lag ein graues Kloster mit grauen
Mauern; und ein grauer Mönch, mit einem
grauen Buch in der Hand, ging langsam vor=
über. Ein Glöckchen sang ein Todtenlied. —
Wieder ein Gärtlein, klein, doch lieblich mit
blassen Karthäuser=Aepfeln und schlanken Birnen
mit rothen Bäcklein und weißen Leiblein, Arm
in Arm guckend. Nun zeigte sich ein stattliches
Gehöfe. Unter alten Linden saßen Bogenschützen,
Bänkelsänger, Hausirjuden, Briefboten, junge
Mägde im Sonntagsputz. Zwei Hähne kämpften

mit einander. Das Volk sah lachend den erhitz=
ten, bissigen Thieren zu, und muthwillige Knechte
machten den Schnappsackjuden Zöpfe und trieben
Possenspiel im Rücken der Alten. — Neue Hü=
gel, neue Höhen traten auf; klippiges Moosge=
stein, dunkles Nadelholz, waldiges Gebirge. Vor=
über an rinnenden und sprudelnden Forellenbäch=
lein, an deren Rändern hier und da große Krebse
mit langen Schneiderscheeren hervortauchten und
wieder versanken, führten schöne Wegewindungen
nach gedichter, laubverhängter Waldung. Da
purrte und rauschte, da trabte und troßte es, und
ein prächtiger Fürstenwagen, gezogen von sechs
weißen Rossen, kam aus dem Dunkel der stillen
Waldesnacht. Voran eilte ein Läufer in rother
Jacke, Troddelmütze, mit blitzendem Wappen auf
der Stirne, ein goldnes Schwingstäbchen in der
Hand; hoch saß der Zügellenker in dreieckigem
Litzenhut und flitterndem Bordenrock; geputzte
Diener hingen am Schlag; bewaffnete Jäger mit
gelben Leibschärpen standen hinter dem Wagen,
der wie ein dahinfliegender Platzregen, silbern,
funkelnd, geisterhaft vorüberrauschte. Magdale=
nens Blick drang durch das Wagenfenster, das,

von einem rosenrothen durchsichtigen Schleier ver=
hüllt, sie eine schlafende Frauengestalt von wun=
derbarer Schönheit, wachsweiß mit leis gefärbten
Grübchenwangen im kostbarsten Gewand erken=
nen ließ. Wer mochte es sein? Niemand anders,
denn die Bewohnerin des weißen Fahnenschloßes,
in welchem ihr Gemahl, ein König mit seinem
Hofstaat schlummerte, bis die schöne Gattin, gleich
der Königin im wunderreichen Märchen, nach
neun Tagen, eben so viel Stunden und Augen=
blicken von ihrer Reise ins Himmelblaue zurückge=
kehrt. Eben langt der funkelnde Wagen an,
das thorlose Gitterwerk öffnet sich, es wallt der
See, die Schwäne singen, und vom Sang der
Schwäne erwacht das ganze Wundergebäude.
— — — Der Duft der Erdbeeren mischte sich
mit den Wohlgerüchen der Schlüsselblume und
Moosnelke, welche, noch unberührt von der Gluth
der Sonne, aus kühliger Laubdecke lachten; bunte
Schnecken stiegen mit bewegten Fühlhörnern an
den Strauchstämmen empor; huschig glitt die
glimmernde Eidechse über das lichtbraune Erd=
laub, über das reinliche Gestein der dornigen
Hagerose; der grüne Laubfrosch wiegte sich behag=

lich auf dem breiten Blatt des Haselnußbusches; der Maulwurf grub; der Ameisenbär lauerte in seinem Sandtrichter; auf jedem Zweig, auf jeder Baumrinde hing ein frohes Geschöpf; Moos, Gras und Gestein glänzte unter dem silbernen Gewebe der emsigen Erdspinnen. — Nun theilte sich Wald und Berg. Ein steiler, runder Fels, ähnlich einem Riesenhaupt, ragte drüben in die Lüfte und sah träumerisch herab in eine schaurige Kluft, an die ein sanfter Wiesgrund stieß, still und heimlich, als ob ihn niemals ein Menschen= fuß betreten. Unverständliche Sehnsuchtslaute, Kuhschellen, wohlthuend wie fernes Glockenge= läute, erklangen; große Vögel schwammen mit gespannten Fittigen über den Abgrund. Es schien als feierten die tausendzüngigen Waldvögel und horchten des Birkhahns Ruf, des Locktons der Wachtel, der jubelirenden Lerche, welche aus blauem Aether herabsank in's milde Grün des einsamen Wiesengrundes. Da gischte es, da rauschte es dumpf. Eine Mühle, schwarz wie ein Räubernest, blickte aus einem offnen Wald= weg; durch ein Giebelloch des alten Hauses lugte starr ein Katze und duckte zurück, als wollte sie

das Gesehene melden; im Hintergrund zeigten
sich Balken und Rad des Hochgerichts. — —
Husch! Husch! da eilte ein Rudel Wild über die
nahe Waldplatte; auf vorsichtiger Pfote trabte
der Fuchs, warf den Schwanz in die Luft und
riß aus. — Magdalene wandte sich um. Noch
einmal und in einer ganz andern Gestalt stand
der runde, steile Felsenberg vor ihr. Liebliches
Roth wohnte auf seiner Höhe. Hier hätte sie
weilen und, den Wolken näher, ihren Blick sen-
den mögen in die große Welt. Sie athmete den
Sommer in Blumen, Gräsern, Waldeslüften;
fühlte, wie innig das Wesen des Menschen ver-
webt, verbunden sei mit der Natur. Manch Gefilde hatte der Wechsel an ihr vorübergeführt.
Alle waren schön, doch keines, ach keines kam der
geliebten Heimath gleich. — Nun ging es berg-
abwärts auf gelichtetem Pfad. Laut knallten der
Fuhrleute Peitschen, ertönte das Stampfen und
Schnaufen der Pferde, knarrten schwere Fracht-
wagen über abgeschliffene, stahlblaue Fahrgleisen,
nahte unter dem lauten „Wost!" „Hott!" und
„Jüh, Rother!" des fluchenden Geiselschwingers
schweißbedecktes Ochsengespann. — Umbaut von

einem von Vögeln vollgepfropften Reff, begleitet von einem Kinde, kam ein Mann lustig des Wegs einher. Er pfiff, die Vögel schrieen, sangen, zankten und zupften sich an den Ohren, sanfte Täubchen girrten und lachten. Kauft mir was ab, Jungfer, sprach er zu Magdalenen, und setzte seinen Ruhestock unter das Vogelgefängniß, indem er sich die Stirne trocknete. Sucht euch einen aus, noch habt ihr die Auswahl. Hier unten sitzen die Tauben: Ringeltäubchen, Lachtäubchen, Ruckeltäubchen; über ihnen die Staaren, Druscheln, Unschveln, Spechte, Wetterwachteln; im obern Fach Zwitscherfinken, Spottzeisige, Mekkermeisen. Der mit der langen, groben Nase singt euch fein wie die Lerche, der mit der plundrigen Glockenhaube bläst wie'ne Flöte; der dort hinten, der sich eben kratzt, mit Verlaub zu sagen, dutet wie ein Nachtwächter. Lauter lustig Gethier. Da ich sie einfing, mußt ich ihnen nachahmen, jetzt müssen sie nach meinem Schnabel singen. Alles frisch und gesund, gut im Fressen und Saufen, und wohlfeiler kriegt ihr sie diesseit und jenseit des Rheins nicht.

Ernährt ihr euch denn ordentlich mit dem Handel, Vogelmann? fragte Magdalene.

Ordentlich und unordentlich, wie's fällt, versetzte der Vogelhändler. Bald steigt, bald sinkt die Einnahme. Müssen uns zusammennehmen, müssen zufrieden sein. Drei Buben, ein Mädchen, eine Frau, die ich habe, die zehren, daß mir oft die Haare zu Berge stehn. Während ich groß Geschäft treibe, fängt der älteste Bub wieder neue Waare, der zweite steht, mit Verlaub zu sagen, bis über dem Nabel im Wasser und fischt und krebst, der dritte macht Schlingen, Leimruthen, die Frau gräbt Sand in der Teufelskaute, die Kleine hier — gieb'ne Patschhand! — lernt laufen.

Da hat aber die Hausmutter das schwerste und gröbste Geschäft von Allen.

Gröbste Geschäft! lächelte der Vogelhändler — die, die ist das Grobe gewohnt, und wenn ich euch sage, daß ihr Vater ein Grobschmidt gewesen, werdet ihr begreifen, wie ein solch Hausgeschäft die Kinder abhärtet und stärkt. Ein nützlich Handwerk. — Ich bin aus Zweibrück, ja, aus Zweibrück — wollt ihr dahinaus

machen, habt ihr noch ein paar schöne Stündel
vor euch! —

––––––––––

Veranlaßt durch mancherlei Beweggründe,
schlug Magdalene von Zweibrücken aus eine andre Straße ein und ging dem Lauf der dunkeln,
hochufrigen Glan entlang, um einige im hohen
Gebirge liegende Schlösser zu berühren. Da
gab es wieder finstre Schluchten und Thale zu
durchwandern und schwierige und gefährliche Stellen zu erklimmen mit Muth und Ausdauer. Einmal in einer endlosen Heidesteppe nöthigte sie
ein dichter Nebelregen, Zuflucht zu suchen unter
einer Eiche, die ihre Arme über ein Gebüsch
senkte, wie eine Henne die Flügel über ihre Küch-
lein. Schon halb durchnäßt drang sie in das
Gebüsch, ließ sich nieder an den Wurzeln des
Baumes und beschloß, hier auf dem beschirmten
Moosboden die herannahende Nacht zuzubringen.
Bald wurde es ruhiger, und der Halbmond brach
lichtgebend durch die sich auflösenden Dunstwol-
ken. Dicht bei ihr flüsterte ein Steinbrünnchen,

das sein klares Wasser in ein rundes Becken er-
goß. Aalritzen und Wassermotten schnellten und
segelten auf der kleinen Silberfluth, wie in einem
ruhigen Hafen; an dem, mit zarten Stengelblüm-
chen umstandenen, Uferrand tranken zierliche Horn-
schnecken und Krabbenspinnen, und grau und
rothbeflügelte Nachtfalter flatterten nach genoßner
Ruhe schwerleibig durch die Zweige hinaus in's
heitre Mondgefilde; oben im Geäste der Eiche
hielten Ohreulen und Thurmraben geheime Gespräche mitsammen, umschwirrten den alten Baum
mit heisern Stimmen, und von dem nahen Kreuzweg her uhute, ächzte und pfiff es in den seltsamsten Mischlauten. Als Magdalene, mit ihrer
nächsten Umgebung vertraut geworden, die Augen erhob, sah der wandelnde Mond wie durch
eine Oeffnung ihr ins Gesicht, in dessen Strahl
viele langbeinige Mücken tanzten, im Auf- und
Niederschweben lustig sich Stöße und Fußtritte
gebend. Sie mußte lachen über die vergnügten
schwarzen Hoppsdinger, deren Erscheinung ihr
einen hellen Tag zusicherte, zugleich aber auch
ihren Betrachtungen ein Spinnstubenmährlein ein-
webte, an das sie lange nicht gedacht hatte. — —

Es war Nacht. In einer buschigen Felsenwand
befand sich ein großes, lichthelles Thor, vor wel=
chem sieben kleine Teufelchen auf= und nieder=
hüpften und die Vorüberkommenden zu einer Ta=
fel lockten, welche, hochbethürmt mit rothem Gold
und blitzenden Silbergulden, sichtbar aus dem
Innern der Höhle schimmerte. Ueber dem Ein=
gangsthor aber saßen, unbemerkt von den Bösen,
auf schlanken Birkenbäumen zwei beflügelte weiße
Engel, die mit erhobnem Finger Alle warnten,
welche Lust empfanden, einzugehn in das goldne
Felsenthor. Wer die Engel liebte und den ewigen
Himmel, aus dem sie herabgekommen zu den
Menschen, zog ungestört seines Wegs weiter; wer
verblendet von dem verlockenden Gut einging zur
Höhle, sah nimmer das Tageslicht wieder. —
Magdalene erkannte die Lehre, die aus dem Mär=
chen zu ihr sprach, und bat, ermuthigt durch selbe,
den Himmel, auch fernerhin ihr beizustehn, wenn
Nacht und Finsterniß ihren Sinn umwölke.

Ehe die nächste Burg vom Bergwipfel schaute,
verirrte Magdalene sich in dem großen Walde.
Eine barfuße Frau führte sie wieder auf den
rechten Weg. Die Frau hatte etwas im Blick

von ihrer ſeligen Großmutter, Sabine Walter:
Das ergriff die Pilgernde, und mit offnem Her=
zen lohnte ſie der Hülfreichen. — Ach, ſprach die
Frau, giebt es noch gute Menſchen hienieden, ſo
ſendet ſie uns der Himmel. Ich bin ein arm
Weib, habe viele Kinder und keinen Mann mehr,
der uns Nahrung ſchaffen könnte. Im Sommer
führe ich die Kleinen, die dort im Holze Mor=
cheln und Rapunzeln ſuchen, nach dieſen Wäl=
dern, wo wir uns ſatt eſſen in den Beeren, im
Winter hucken wir Kohlen und Laub nach Lan=
dau und Mannheim. Aber der Winter, ach der
eiſige, fürchterliche Winter gräbt dem Menſchen
ſein Grab. — Mit Fleiß und Redlichkeit kom=
men wir durch die Welt, ſprach Magdalene; auch
die Nothleidenden haben den Allvater zu ihrem
ſorgenden Vater. — Das iſt auch mein Glaube,
fuhr die Frau fort. Mein Mann war des Ge=
ſchäfts ein Seiler. Wir litten keine Noth. In
einer frohen Geſellſchaft einſtmalen fiel er zur
Erde und verletzte ſich ein Auge. Als der Wund=
arzt ihn verband und erklärte, daß er das Auge
verlieren werde, klagte er nicht und ſprach: Ich
weiß nicht, wo ich gefehlt habe, aber ich muß

wohl eine Züchtigung verdienen, da der Herr
mich so hart straft: so will ich denn tragen mein
Kreuz mit Geduld. Das gefiel mir von ihm.
Nun hatte ich ihn erst lieb. Und wenn gleich
die Mädchen flüsterten: »nimm ihn nicht, nimm
ihn nicht, er hat ja nur ein Aug«, so dacht ich
bei mir: »wer so fühlt und spricht, kann kein
unrechter Mann sein. Er wurde mein Mann —
die Sonne schien in unser Hochzeitsstübchen, und
lange lebten wir glücklich. Nun entstand Feuer
in Lautern, dem Ort, wo wir vordem wohnten,
der Sturm trieb die Feuergluth durch die Stra=
ßen und unser Habe und Häuschen lagen in
Asche. Das brachte uns den Bettelstab, gab
meinem guten Mann im harten Winter den Tur.
Mit seinen letzten Odemzügen rief er uns und
sprach: Macht meinem ehrlichen Namen einmal
keine Schande, sonst dreh ich mich um im Grabe.—
Wir alle sind redlich geblieben und wollen's blei=
ben. —

Das schöne Nahethal durchziehend, zwischen
hohen Bergwänden und tiefen Felsenkesseln sehen
wir Magdalenen, nachdem sie Altenbamberg be=
sucht, die Ebernburg und andere Bergschlösser

betreten, um auf ebenem Pfade bei einem Wirths=
haus, welches einzeln dastand und in dem es
lebhaft herging, vorübergehen. Becher klappten
und schwere Fäuste pochten auf die Tafel. Alle
Fenster des Hauses waren geöffnet, und Trom=
pete, Pfeife und Dudelsack erklangen mit Macht.
Zuweilen sah ein erhitztes Gesicht aus dem Fen=
ster, um Luft zu schöpfen. Magdalene strich hart
am Haus vorüber. Ein großer Stein, der vor
der Thür lag, zeigte ihr neben Posaunenengeln
unter abgetretenem Reimlein den Namen Jesu.
Es war ein Leichenstein, vor dem wohl mancher
Thränenbeschwerte sein Herz mochte erleichtert
haben und der nun die Schwelle eines lustigen
Bruderhauses vertrat. Sie wurde jedoch bemerkt.
Mädchen! Mädchen! schallte eine rauhe Stimme
von oben — wart, sollst Eins mit tanzen. Heda!
halt sie Einer auf! — Magdalene schrack zusam=
men und war im nächsten Walde verschwunden.
Nach einer kleinen Weile blieb sie horchend ste=
hen. Es war still. Ein Vogel von wunderba=
rer Farbenpracht empfing sie am Eingang des
Waldes, schwang sich vor ihr her von einem
Tannenzweig zum andern und ließ seine Stimme

7*

erklingen, so süß und silberrein, als sie jemals
einen Vogel hatte singen hören. War es die
Schönheit seines Gefieders, war es der Wohl=
laut seiner Kehle, was sie fesselte, sie mußte
ihm unablässig folgen von Baum zu Baum, von
Pfad zu Pfad, bis sie endlich wie von einem Netz
grüner Schlingstauden und Dornrosenzweigen sich
so umflochten sah, daß sie weder vor noch rück=
wärts schreiten konnte. Der Vogel verstummte,
die heiße Sonne sank. Sie dankte dem Sänger,
der sie in diesen schönen Wald geführt, in wel=
chem sie ein ruhiges Nachtlager gefunden zu ha=
ben hoffte. Doch plötzlich ward ihr bang, das
Rauschen der Blätter, das Pfeifen der Fichten=
kronen und die Erinnerung an die Begebenheit
eines Klosterbruders, den ein lieblicher Vogel
einst in eine undurchdringliche Waldwildniß ver=
lockt, in der er, vom Schlafe bewältigt, hundert
Jahre zugebracht hatte, steigerte ihre Besorgniß
zur höchsten Furcht. Mit verdoppelter Anstren=
gung brach sie daher aus ihren Schlingen und
Flechten, um den Mühsalen dieses Irrwaldes zu
entrinnen. Aber wohin sollte sie sich wenden?
Welche Richtung sollte sie einschlagen? Ihre

Eile glich der Flucht. Ein aufstoßender Flug
Holztauben erschreckte sie, ein Schwarm Rohr-
vögel schwirrte aus einem Schilfgraben, eine
Heerde Wildschweine stob schnaufend vorüber.
Da hörte sie es brummen wie Bärengebrumm,
und durch das nächste Dickicht gewahrte ihr Auge
bewaffnete Männer von verdächtigem Ansehen.
Neue Töne, neue Angststimmen. Es waren
Laute eines Kindes, das sie alsbald, halb verborgen, unter einem Gebüsch entdeckte. Liebe
und Mitleid hemmten ihre Schritte. Sie zog ein
wehklagendes Mädchen zu sich, fragte, was ihm
fehle, wem es angehöre. Das Kind sah furchtsam, weinend umher, ehe es in zusammenhän-
genden Lauten zu verstehen gab, daß Vater und
Mutter es in diesem bösen Wald zurückgelassen.
Magdalene nahm die Klagende mit sich, und
hatte kaum einen bequemen Pfad entdeckt, als
die bestürzten, ihr Kind suchenden Eltern herbei-
flogen, deren Angst nun in Freude sich auflös'te,
die Verlaufene an der Hand einer wohlwollenden
Führerin wieder zu finden. Magdalene folgte
der Bitte der dankerfüllten Eltern, mit ihnen
nach dem nicht weit entfernten Städtchen zu ge-

hen und die Nacht in ihrem Hause zuzubringen;
denn das Gefühl, unter guten Menschen sich zu
befinden, that ihrem Herzen wohl. Wie im Elternhaus, zwischen Vater und Mutter, saß sie
nun beim genußreichen Mahl. Hell brannte die
Abendlampe. Liebe und Zutraun, Stille und
Sicherheit, während draußen ein Hagelstrom,
wie ein kriegerischer Reiterschwarm, die erhitzten
Fluren durchrauschte, öffneten den Mund der
Pilgerin zur Mittheilung der Ereignisse ihres
bisherigen Lebens mit einer Lauterheit und Wahrheit, die die Gattin, welche theilnahmvoll an den
Lippen der Erzählerin hing, bewog in gleicher
Aufrichtigkeit zu gedenken der schönen Jahre glück-
seliger Häuslichkeit an der Seite ihres Mannes,
wie der frohen Stunden, die sie dem Gewinne
eines lieben Kindes verdanke, nach welchem Wech-
selgespräch so verschiedenartiger Erlebnisse Beide
schweigend mit glänzenden Augen sich die Hände
reichten. Es war spät geworden. — Kommt
nun, sprach die junge Hausfrau, indem sie aufstand, um den Gast zu einem Nebenzimmer zu
geleiten, kommt und genießt der Ruhe, deren
ihr bedürft für den folgenden Tag; ich hoffe, ihr

werdet sanft ruhen und gestärkt erwachen. — Das Schlafzimmer befand sich im hintern Theil des Hauses; es war groß und öfent zugleich zur Aufstellung der Arbeiten des Mannes, der ein Bildschnitzer und Glasfärber war. Zum erstenmal seit ihrer Reise sah Magdalene sich wieder in einem Ruhebett; doch ein Heer von Empfindungen, das unablässig in ihrer Seele auf- und abwogte, ließ sie auch hier keine rechte Erquickung finden. Die schöne Juninacht glich dem Dämmern des Morgens. Sie machte Magdalenen es möglich, die Gegenstände, die das Zimmer enthielt, vorzüglich eine zahlreiche Menge, auf Tischen und Wandtafeln aufgestellter Gipsbilder zu betrachten, welche aus fürstlichen Frauen, bekrönten Kaisern, Königen, küssenden Pärchen, Nonnen, Juden, Erzbischöfen bestanden. — Magdalenens Blick sank auf das schöne Kind, das mit sanft bewegter Rosenbrust im engen Bettlein neben ihr schlummerte, und die freundlichen Sächelchen, welche die Kleine am Abend ihr vertrauet und ihr tiefe Blicke ins Innere eines glücklichen Elternlebens verstattet, standen wie beruhigende Sterne vor ihr. Vor den

Fenstern lag ein reinlicher Hausgarten, daneben
stand die Ortskirche mit Leichensteinen, welche
über die niedere Mauer emporragten. In schwer-
müthigem Tone schlug eine Glocke durch die Gra-
besstille — die Geister wandelten über die Erde
zu ihren Lieblingen . . . Wenn jetzt — sprach
Magdalene zu sich — die Thüre aufginge und
hereinkäme in hohler Knochengestalt der Tod,
und spräche: Johanne Magdalene, beendet ist
dein Lebenswandel, folge mir in die Gesellschaft
der Todten, welcher du nun angehörst. Was
würde ich ihm antworten? . . . Dein Auge ist
erloschen, deine Hand ist kalt; ich folge dir nicht.
Doch kehrst du wieder mit meinem liebsten Freund,
so er eingegangen in die Gemeinschaft der Himmlischen — dann wird ein warmes Auge auf mir
ruhen, wird eine warme Hand mich führen durch
dunkele Pforten in den Himmel, wie mir verheißen ist im Glauben — und gern folge ich
dir. — Sie schauerte zusammen ob ihrer Worte
und sank zurück aufs Kissen. Ach, seufzte das
Mädchen, wie fürchterlich muß es sein, einsam
zu sterben, allein ohne die Hand der treuesten
Mutter, ohne den Blick des Vaters, Freundes,

Bruders, einsam, einsam auf dem Todbett un=
ter fremden Menschen. — Nein, du gütiger Herr,
nein, ein solches Schicksal wende ab von mir —
führe mich wieder in mein Heimathsland, in
mein liebes Heimathshaus! — Angst und Un=
ruhe, die Liebe der guten Menschen, die sie heute
hatte kennen gelernt, mischten sich in ihre ver=
worrenen Gedanken und erweckten in dem beben=
dem Herzen eine namenlose Sehnsucht nach dem
Anblicke des so lange entbehrten Geliebten; die
Einsamkeit beschlich ihre Seele mit erdrückender
Gewalt; die Augenlieder sanken. Da ging die
Thüre auf. Aber es war nicht der kalte Mah=
ner aus dem unbekannten Reiche; der getreue
Heinrich war es, der beladen von Blumenkrän=
zen, in deren Kelchen die Thauperlen der Nacht
zu hellen Lichtchen geworden, hereintrat, lächelnd
einen Kranz nach dem andern von seinem Na=
cken lös'te, und das betrübte Traumliebchen da=
mit schmückte. Und der Anblick des Ersehnten,
die süßen Blumenlichtlein, die duftenden Kränze
stillten die Schläge ihres Herzens, kühlten Wan=
gen und Stirne der Schlafversunkenen. Aber
der Bekränzende schaute voll sehnsuchtsheißem

Verlangen auf die geschlossenen Augen seines
von Freude und Seligkeit erfüllten Liebchens,
breitete die Arme aus und rief mit froher lauter Stimme: Magdalena! Magdalena!

Das Kind war emporgestiegen und hatte
sein Bäckelchen sanft auf die Wange der Fremden gelegt. Magdalene fuhr in die Höhe. Die
Sonne stand schon hoch am Himmel und bald
war sie reisefertig angekleidet.

Hier enden wir Magdalenens Wanderun-
gen und folgen ihren ferneren Schritten nicht
weiter. Denn wohin auch das unglückliche Pilgermädchen ihre Blicke richtete, wohin sie der
stützende Stab trug, Niemand vermochte ihr
Antwort, Niemand ihr Nachricht zu geben
auf ihr Begehren nach einem Gefangenen,
einem Eingekerkerten, oder die kleinste Tro-
stesauskunft zu ertheilen von Mannschaften dieses oder jenes kriegsbegriffenen Bannerfürsten,
unter dessen Fahnen Heinrich möchte in's
Feld gezogen sein, und keine Erscheinung, welche
der Einsamen sich aufdrängte, noch die Betrach-
tung und Gedankenreihe, die sie zur Folge hatte,
war geeignet, die Tiefe ihrer Seele, dauernd

zu beleben, zu erfrischen und einem anderen Ge-
genstande, als dem einen und ewigen, der darin
wühle, Raum und Kraft zu leihen. Und so
rückte die Stunde heran, in der Magdalene,
nachdem sie noch die Moselgegenden erfolglos
durchstreift und den Rhein unterhalb Koblenz
auf leichtem Fischerkahn überschritten, sich wieder
auf dem Wege nach dem Vaterhause befand, in
welchem sie, niedergebeugt von getäuschter Erwartung, erschöpft von zahllosen Opfern der Anstrengung, nach einigen Tagen eintraf und den
tief bekümmerten Eltern trostlos in die Arme
sank.

So war, wie es schien, der letzte Hoffnungs-
funken aus der Seele des armen Mädchens verschwunden.

Eines Abends ging Magdalena spät zur Ruhe.
Als ihr Blick noch einmal auf die fernen Höhen
von Neunkirchen fiel, bemerkte sie hier en selt-
sames Licht, das ihr noch niemals vorgekommen
war. Es stand nicht still, es bewegte sich nach

verschiedenen Richtungen durch die Dunkelheit,
war bald groß, war bald klein, und übertraf
an Glanz den Stern des Irrlichts im Unkenmoor. Sie wußte sich die Erscheinung des
Flämmchens, das zu betrachten, zu verfolgen ihrem Auge ein angenehmes Gefühl gewährte,
nicht zu erklären, als sie der Waldweibchen der Um-
gegend gedachte, und nun alle jene wunderreichen
Erzählungen aus den heitern Winterabenden und
das, was der Mund der wohlgesinnten Hausfreun-
din ihr noch jüngst von ihnen berichtet, in lebendigen Zügen ihrem Sinn sich vergegenwärtigten. —
Es sind die Bergnachbarn, sprach sie zu sich,
es sind die unterirdischen Erbfrauen, welche wohl
ein geheimes Fest begehen mögen droben auf den
Höhen, wiederholte sie lebhafter. Was für ein
Fest mag es sein? . . . Wie oft schon lauschte
ich in einsamen Mondnächten, geborgen im hohen Thurmkraut des alten Burggesteins — im
todtenstillen Heimchengraben des Klosters, ob
mir denn nicht einmal eine dieser sanften Gestalten erscheinen möchte. Warum erfüllte sich
dieser Wunsch nicht? — Dürfen wir uns nichts
wünschen, sollen wir abstehen von einem Ver-

langen, wenn es nicht in Erfüllung geht? Ich
unglückliches Mädchen! Wohl mag die Freude,
die unerwartet kommt, eine schöne und große
sein, aber zu mir kommt sie nicht — ich habe
keine Freude mehr — — und doch ist mir heute,
als müsst' ich mich freuen, als nahte die Er=
füllung meines Verlangens auf leisen sanften
Schwingen. — Magdalene strich die aufgelösten
Haare zu beiden Seiten von der Stirne, setzte
ein weißes Nachtkäppchen auf, legte die Hände
über die bewegte Brust. Ihr lieben Waldweib=
chen, ihr kommt nicht zu mir — dürft ich doch
einmal zu euch kommen. . . . . . Wie? fuhr sie
sinnend fort — wenn ich nun den Versuch
machte, einmal zu nahen denen, welchen offen=
bart sind die verborgensten Dinge der Sterbli=
chen — vertrauend käme mit dem heißen Flehen
meiner Seele zu diesen getreuen Geschöpfen, die
die Menschen heimsuchen, beschenken, trösten in
ihrem Leid? Ist es die Stimme eines guten
Geistes, die mir dies eingiebt, ist's die innere
Stimme eines höhern Wesens, eines Engels aus
dem Thal der Seligen, die zu meinem Herzen
spricht? Und ich dürfte dieser Regung folgen? —

Wenn der Versuch, meinen Heinrich wieder zu
finden, ein unglücklicher war, wird mir der Him=
mel wohl einen andern verstatten und vergönnen,
zu ergreifen und anzuwenden Alles, was mir
könnte wiederbringen die verlorene Ruhe? Die
Hoffnung ist das Leben, und das Leben
darf nicht aufgegeben, es soll erhalten werden,
bis es der Himmel sich wiedernimmt. . . . . . .
Heiterkeit kommt in mein Herz — Herr der
Liebe, laß es ein guter Vorbote sein! — Mag=
dalene blickte wiederholt hinauf nach dem Berg=
licht, daß jetzt blasser aus der Finsterniß schim=
merte. — — In tiefer Nacht, wenn Alles ruht,
steige aufwärts zur Bergeshöhe, sieh dich nicht
um, rede nicht, fürchte dich nicht vor Drohen
und Drängen — hast du erreicht den Weibchen=
stein Glockenschlag Zwölf — keinen Augenblick
früher, keinen Augenblick später — so klopfe
dreimal an das Thor von Stein, bekenne dein
Leid, bekenne deine Noth und harre deiner Bitte
Gewähr. . . . So lautete der Gespielin Spruch,
so die Kunde Sannas — so versicherte der alte
Kurt, den sie einen Seher nennen. — Doch
nur ein fleckenloses Gemüth darf nahen den fried=

lichen Wohnungen der Unsichtbaren; dem Bösen,
dem Habgierigen drohen Untergang und Tod —
das sind Worte aus der Base Erzählung . . . . .
Gedankenvoll schritt Magdalene auf und nieder;
sie ergriff die Lampe, welche erlöschen wollte,
hob sie empor, facht deren Docht an zu neuer
Hochgluth — ihr Auge fiel in den Spiegel, vor
dem sie stand, und verklärt vom hellen Lichtschein
blickte ihr Bild zurück in kindlicher Unschuld und
Herzensreinheit. — — Ja, rief das ahnungser=
füllte begeisterte Mädchen, ja, du herabschauen=
des blinkendes Flämmchen, ich komme, ich folge
dir, wenn du mir noch einmal erscheinst, ich
nahe euch, ihr geheimnißerfahrnen Bewohner der
stillen Wälder und Haine — dem Flehen einer
Leidbeladenen werdet ihr eure Thürlein nicht
verschließen, eure Theilnahme einer Armen nicht
versagen; ihr könnt und werdet mir Nachricht
geben von ihm, und mir sagen, wo er lebt, ob
er meiner denkt, ob ich ihn werde wiedersehn.
Steht mir bei, helft mir, ihr wohlthätigen Un=
bekannten! — Weiter geht mein Begehr nicht,
alles Andere soll vom Himmel kommen . . . . .
Fest ruhten ihre Augen auf dem Berge, noch

einmal flackte hell das kleine Waldlicht — es
schlug Zwölf — und' es verschwand. — Mit
der Freude, die die Erwartung erhöht und ver=
herrlicht, löschte Magdalena die Lampe und legte
sich nieder. . . . . Da schwebten Gesichte ihrem
Lager zu, aber sie waren friedlich und freund=
lich gestaltet und zeigten und vertrauten ihr,
was das Auge nie gesehen, das Ohr niemals ver=
nommen hatte. Nur eine Stimme folgte der be=
glückenden Erscheinung nach. Es war der ernste
Wecker und Warner, der der jungen Seherin zu
bedenken gab, ob das, was sie zu vollführen im
Begriff stehe, auch werde die elterliche Zustim=
mung und Weihe erhalten? Nicht ungehört ging
dieser Ruf an ihr vorüber, der jedoch bald wie=
der zerfloß in dem festen und zuversichtlichen
Glauben an ein gefahrfreies Unterfangen, wel=
ches darum auch Allen geheim bleiben sollte.
Welch seliges Gefühl durchdrang Magdalenen!
Und ach, wie träg schlich ihr der anbrechende
Tag, wie langsam folgten ihm die andern Tage,
ehe der Abend kam, der bestimmt war zu ihrem
nächtlichen Berggang, zu dem sie sich nun voll=
kommen ermuthigt und ermächtigt fühlte.

So erschien der dritte Tag, er war heiter, die Luft lieblich, der Abend voll sommerlicher Pracht. — Es schlug zehn Uhr. Magdalene wünschte den Eltern geruhsame Nacht und ging hinauf nach ihrer Stube. Hier überdachte sie noch einmal ihr Vorhaben, erwog jeden Umstand, und bat den Lenker aller Dinge, der sie bisher beschirmt, sie auch in dieser Stunde in seine Obhut zu nehmen. Lenchen war nur leicht gekleidet. Ein mönchbraunes Mäntelchen, eng, kurz und längst außer Gebrauche, befestigt um die Hüfte mit einer schwarzen Binde, umhüllte nur nothdürftig die Blüthen ihres schönen Körpers, welches aber, wie ein gleichfarbiges Netz, das ihr Haupthaar über der freien Stirne zusammenhielt, ihr ein gar gefälliges, lieberweckendes Ansehn gab, das mit dem Kleid des Waldweibchen, wie sie wohl geschildert werden, einige Aehnlichkeit hatte. — Eben schlug es elf. Es war nun Gehenszeit. Langsam schritt sie die Stiege hinab, öffnete und schloß behutsam die Hausthüre. Der Mutter war die Bewegung nicht entgangen, sie blieb jedoch ruhig, vermuthend, Lenchen werde, was nicht selten ge-

schah, nochmals nach den hülfsbedürftigen Blu-
menzöglingen gehen und ihnen die vergessene
Labe bringen. Kein Mondschatten glitt sanfter,
kein Lilienelse' zog leichter. Niemand würde die
Nachtwandlerin wahrgenommen haben, die so
vorsichtig und berechnet dahin wandelte. Bewegungslos stand der Wald, hielt seinen Odem
an und horchte. Feuerwürmchen funkelten krei-
sewebend um die Jungfrau, welche in der un-
gewöhnlichen Stille das Knistern der kleinen
Thiere vernahm, wenn sie ein Baumblatt berührten. Heimchen sangen halblaut zum wis-
pernden Lied der schlaftrunkenen Zikade, und
nur Feldgrillen in den Heckenhalmen und moo-
sigen Heidebuschhügeln stimmten lauter ihre ze-
ckernden Waldchöre. Allmählig ging es weiter;
ein dichter Hag, ein gefährlicher Querweg waren glücklich überschritten, der Fuß des Berges
erreicht und angetreten. Doch was am Tage
einfach und deutlich erscheint, entstellt und bildet
die Dunkelheit zu trügenden Anschauungen. Magdalene verlor den rechten Pfad, fand ihn wieder,
um ihn abermals zu verlieren, die Wolken des
Himmels wurden finsterer, das Dickicht enger

und undurchdringlicher — rauhe Aeste, spitze
Dornen schlugen ihr entgegen, ein großer Strauch
goß einen Strom von Thautropfen über sie herab,
kühnes Geniste umschlang, wie belebte Menschen-
arme ihren Leib, der Kiefernboden wurde glatter
unter ihren Füßen und das Gefühl, die rechte
Zeit zu versäumen, fing an, die Emporstrebende,
wenn nicht zu entmuthigen, doch zu ängstigen. —
Auf einmal wurde es lebhafter im Walde, es
bewegte sich, raschelte im dürren Laub, knisterte
nah und fern, ein anhebender Windzug strich
scharf durch die engen dumpfen Räume und
weckte die hohen Eichen und Eschen aus ernster
Ruhe, deren Riesenfinger in wachsender Woge
um sich griffen, als ob sie einander ermunterten
zum beginnenden Nachtkampf. — Schwertge-
klirr und Eilschritt Herankommender erschallten —
da huschte Etwas im Gesträuche. Geheimniß-
voller Stille folgte ein Klageruf, der tief im
Thale ein antwortendes Echo fand — vor ihr
wälzte knitternd eine schwere Last durchs Reisig.
Feurige Kugeln glühten hier, glühten dort aus den
alten Bäumen; glimmende Kohlen, umkreist von
belebten weißen Elben, angefacht von großen,

gelbgrünen Käfern, warfen einen geisterhaften
Schein, und stärker und mächtiger dröhnte Uhu-
geschrei durch die weite Waldung. Magdalene, be-
ruhigt in dem Gedanken, daß die aufgestörten
Vögel rege geworden, die furchtsamen Wald-
thiere ihr Lager verlassen hätten, wandte kein
Auge, blickte nicht seitwärts, nicht rückwärts,
strebte rastlos dem Zielpunkte entgegen. Da
trat ein erschütterndes Nachtgesicht vor ihr auf.
Eine weiße Frauengestalt ging vor einer Todten-
lade her, sechs Männer, Rosmarinzweige im
Mund, trugen die Lade, leichenblaue Gestalten,
Paar an Paar, folgten und von Neuem und
lauter erhoben sich im tiefen Thal drunten seltsame Wehklänge. Der Zug verschwand. Jene
Töne, getragen vom Winde, nahten, und vernehmlich unterschied sie unter ihnen die flehende,
sanfte Stimme der Mutter — hörte zuweilen
schmerzliche Angstlaute des treuen Raff. — Jetzt
rauschte es auch im fernen Felsengrund — es
waren die Räder der Mühle, welche knarrend,
schwer und langsam das gischende Wasser durch-
schnitten, und die Schauergeschichten von den dunkeln Mächten der Finsterniß ihr ins Gedächtniß

riefen. — Erbebend erkannte Magdalene im fahlen Lichtschimmer, umringt von klappernden Menschengerippen, ihre Feindin, die Müllersfrau, bleich mit verschobenem Angesicht, mit gräßlichen Zerraugen. — Hu! da schwirrten Fledermäuse dicht an ihrer Stirne hin . . . Nun stand der Todtenhof mit seinen Grabsteinen und Kreuzhügeln vor ihr — die selige Großmutter richtete langsam sich auf in ihrer Gruft — ihr welker Mund bewegte sich wie einst, wenn sie sang zum schnurrendem Spinnrad in feierlicher Weise das Lieblingslied:

> Es ist ein Schnitter, der heißt Tod,
> er hat Gewalt vom höchsten Gott —

und Entsetzen und Liebe fesselten Magdalene, die am Stamme einer Maie sich aufrecht hielt, — die Tannen sauf'ten, die Rüstern braus'ten, ängstlich, wie Taubenklage, rief es aus dem Gezweige der wallenden Ulme — drohend erhob die alte Großmutter den weißen Finger der Hand:

> Jetzt wetzt er das Messer,
> es schneidet schon b'esser,
> bald wird er drein schneiden,
> wir müssen's erleiden —

Die Geistermühle rauschte, der Hund winselte —
der mütterliche Ruf verstummte — das schwarze
Gewölke des Himmels zerriß und in rother Gluth
brach der Vollmond hervor —

Hüte dich, schönes Blümelein! —
hauchte es durch die wankenden Berggräser, und
eine schwarze Gestalt stieg neben Magdalenen
auf. Sie schauderte zusammen, eilte, verfolgt
von der Erdgestalt, mit verdoppelten Schritten
aufwärts weiter, bis sie endlich nach äußerster
Anstrengung und in demselben Augenblicke den
durchs Gebüsch schimmernden weißen Stein erreichte, als in Neunkirchen der erste Schlag der
Mitternachtsstunde vom Thurme fiel — da stand
das geängstigte Mädchen; doch was sie sagen, um
was sie bitten, flehen wollte, vermochte sie nicht
auszusprechen; sie hob die Hände, preßte sie wider die stürmische Brust, und suchte sich wieder
zu sammeln. Aber es waren nur schwache, un-
hörbare Töne, welche den stammelnden Lippen ent-
quollen, während unvernommen verhallte der wichtige zwölfte und letzte Glockenschlag ... Da erbebte
der Berg in seinen Grundfesten, die nächtigen Stürme, die wirren Schatten, Angstlaute und Leichenbil-

der wichen und vergingen vor dem schönen Him=
melslichte und dem Heer der ungetrübten Sterne,
rauschend that sich der Felsen von einander, gol=
dene Strahlen, sanfte Stimmen, süßes Saiten=
spiel drangen durch die helle Oeffnung, und er=
schüttert von den Schrecknissen, betäubt und ge=
blendt von den Tönen, von den neuen und
wunderbaren Lichtgestalten sank Magdalene besin=
nungslos zu Boden.

Braband lag weder in Ketten noch Banden.
Am Tage seines Verschwindens hatte Rodenstein
den Befehl gegeben, ihn zu suchen, zu fahen und
einzuverleiben einem Fähnlein Gewappneter, das
er dem Heere des Herzogs von Burgund aufzu=
bringen verpflichtet war, welcher Befehlserlaß
ungesäumt Ausübung fand in der Nähe des Ge=
birgsortes Steinau, wohin den Jäger ein früher
Waldzug geführt hatte. Diese Gewaltthat, voll=
zogen von einer Hand, von welcher es nicht er=
wartet, empörten den pflichtgetreuen Unterthan,
der obgleich er es nicht für schmachvoll hielt, zu

kämpfen im Heere eines erfahrenen und volkgelieb=
ten Feldherrn, doch keine Neigung empfand, Krie=
ger zu sein, am wenigsten unter einer Rotte von
Trubelknechten und Trunkenbolden, aus welchen
sie zusammengesetzt war. Er benachrichtete die
Familie Walter von dem Ereignisse, das ihn be=
troffen, grüßte Magdalenen und verhieß allen ein
baldiges Wiederkommen. Dieser Sendbrief er=
reichte den Ort seiner Bestimmung nicht, noch ge=
lang der Versuch des Gefangenen, da der Heer=
haufe die Ufer des Rheins erreicht, sich seine Er=
lösung und Rückkehr zu erzwingen, der keine an=
dere Folge hatte, als daß er eifriger bewacht, in
sein unabwendbares Geschick sich beugen mußte. —
Unglückliche macht Todesverachtung kühn, Ver=
zweifelnde erhebt der Krieg zu Helden. Braband
verrichtete Thaten des Muths und der Unerschro=
ckenheit, die schon nach einigen Gefechten ihm das
Lob eines ehrenwerthen Tapfern, demnächst aber
die gewünschte Befreiung vom Kriegsdienste er=
warben, die inzwischen durch Vermittlung des
Grafen von Hanau war bewerkstelligt worden,
welche Freigebung eine unbedingte und vollkom=
mene durfte genannt werden; indem sie au=

ßerdem ihn noch aller Verpflichtungen zu seinem bisherigen, als straffällig erkannten Ge-
bieter, dem Herrn von Robenstein, entband. —
Scheidend trat Braband vor den Fürsten, der, bewegt von Theilnahme für den schönen jungen
Mann, dem, wie ihm kund wurde, ein Feinslieb-
chen der Heimath winke, eingedenk eines bevor-
stehenden gleichen Vergnügens, freundlich mit den
Worten sich zu ihm wandte: Kehre einmal, so es
dir gefällt, zurück in mein Heer, du wackerer
Streiter, und sei des fürstlichen Lohnes der Ta-
pferkeit gewiß. — Eine ehrenvolle Entlassung,
das Frohgefühl erlangter Selbstständigkeit und die
Erwartung gewisser Freude, machten den Belohn-
ten zum glücklichsten Menschen. Bald hatte das
Kleid des Kriegers sich wieder in ein grünes Jä-
gergewand verwandelt, die geführte Waffe hing
an seiner Seite, Eichenblätter umgaben seinen
Hut, und Gebirge, Thale, Feldstrecken welche zu
ersteigen, zu durchwandern und zurückzulegen waren, schwanden ihm unter den fliegenden Schritten und den süßen Schauern des Heimwehs, die
ihn durchrieselten und zum seligen Genuß einer
wonnevollen Liebe vorbereiteten.

Es war am Tage Maria Magdalena bei einbrechender Dämmerung, als Heinrich die Vorhöhen betrat, deren Niederung das Thal seiner Sehnsucht enthielt, das er nach langer Abwesenheit, nun endlich wieder betrat. Sein Herz, größer und empfänglicher geworden in der heitern Vorstellung von der Liebchennähe, konnte den Augenblick nicht erwarten, der es nun erquicken sollte nach schwerem Trübsal mit dem Leuchten ihrer liebeblauen Augen, den goldenen Grüßen ihrer holden Lippen. Einziehend den duftereichen Hauch der Heimath, stimmte er jetzt, indem er ein niederes Buschholz erreicht, und liebkosend das weiche, kühle Laub der jungen Linden und Haselstauden durch seine Finger gleiten ließ, den schönsten Sang an, den er wußte. Er war kaum zu einer freien Felsklippe gekommen, als er, gänzlich vergessend, daß er wollte die Geliebte überraschen, den Gruß seiner Ankunft in dem theuersten aller Namen mit heller, lauter Stimme erschallen ließ durch das süße, heimliche Herandämmern der stillen Nacht. Und noch einmal, und zum Drittenmal ertönte ein helles »Magdalena!« Und horch! auch heute gab in alter Weise der Wiederhall im sanften Nachklang der Endsilbe dieses Namens die Versicherung ihrer Nähe zurück. Eilender und näher langend, zur schon halb umdunkelten Tiefe, schauete und suchte er den Stern, der ihm so oft gefunkelt durch die Stämme, das kleine Licht ihres Dachstubenfensterchens, das auch heute ihm werde der Verkünder ihres freundlichen Daseins sein. Er staunte, ihn nicht zu finden, staunte, kein Fenster des ganzen Hauses, das nun in deutlichen Umrissen vor ihm lag, erhellt zu sehen. — Was hatte das zu bedeuten? Was verkündete diese Dunkelheit, diese Stille des Hauses und seiner Umgebungen? Er beugte sich rechts, er beugte sich links, eilte rascher der Wohnung zu, vor deren Eingang er die Wächterstätte Raffs, der seine Schritte gemeiniglich schon aus der Ferne witterte und ihm stets mit friedlichem Bellen bewillkommnet, verlassen fand. Niemand empfing ihn, niemand begrüßte ihn. Er sprang über die Stufen, er sah sich im Familienzimmer, in Magdalenens Stube. Beide waren leer. Da wankte heran die alte Sanna und prellte zurück, erstarrend, wie vor einem Gespenst, und wußte nicht, was sie sagen, mit welchem Zuspruch sie sollte

8*

begrüßen den unerwarteten Gast des Hauses. End=
lich löste sich ihre Zunge, und nun vernahm sein
gespanntes Ohr die Meldung von Magdalenens
plötzlichem Verschwinden, nachdem sie noch ein=
mal im später Abendfrist hinabgegangen in den
Garten, doch nicht zurückgekommen sei, und daß
schon vor dem ersten Hahnschrei das ganze Haus
sich in Bewegung gesetzt, zu suchen, zu ergrün=
den die Spur des sonder Zweifel geraubten, ent=
führten Mädchens. Eine tiefe Stille folgte die=
ser Meldung. Braband, an einen Tisch gelehnt,
sah sprachlos, lautlos vor sich hin. Sein Ge=
sicht war todtenbleich geworden. Sanna führte
ihren Klagebericht weiter. ... Mußten wir erst
um dich, du Theil an unserm Herzen, große
Noth erfahren, so trifft uns nun der harte Schlag
das liebe Kind selbst zu verlieren, nachdem sie
kaum heimgekehrt zur Elternbrust in herber Trost=
losigkeit aus der weiten Welt, in die sie, bela=
den von unaussprechlichem Leid, sich hatte auf=
gemacht, dich aufzusuchen mit Gefahr ihres Le=
bens. Ei, das gute, mehr als gute Mädle ...
so schmuck, wie'n Blümchen an der Heck, so
jung, und schon dahin. Niemal trug dies Haus

ein bittrer Kreuz — nein, schwärzlicher war nicht
der Scheidetag der wohlbejahrten sel'gen Eltern-
mutter, nicht der Hinfall der Kaiserin Barbara,
Anno ein und funfzig. Ach, wie mühsam ist doch
das Leben, Herr Jesu mein! Wer hat noch
sicher Gut auf lieber Vatererde? Jo, ein Leid,
ein recht vernichtlich Leid, stand uns bevor, das
sah ich letzt, als ich über'n Kirchhof ging. Es
war am siebten dieses. Das Grab des Herrn
Walter Großvaters — weiß noch gar gut, der
am siebenzehnten des Aprils verstarb, war gesunken, tief versunken in die Erde, und volle
Schweißtropfen hingen an seinem Stein. Das
sind Zahlen, die auf Böses deuten. Herzlieb-
ster, alter Heinrichel, du lieber Heinrichel, den
ich so oft getragen auf diesem Arm — bald wirst
auch du mich tragen helfen heimwärts, in mei'm
dunkeln Häuslein. — aber, Gott auf deinem
Gnadenthron, du sprichst mit blassem Todten-
mund, dir ist nicht wohl, ich geb und hol dir
Stärkungstropfen. Die alte Dienerin lenkte den
Stumpfsinnigen nach dem Sessel, ließ zwei
Thränen fallen, küßte ihn, und eilte hinaus.
Braband erwachte aus seiner Betäubung. Nun

besennte es Sinnen aufs neue, nachdem sie das
Gesagte wiederholt, hielt ihr unzählige Fragen vor, von denen sie keine beantworten konnte.
Noch einmal eilte er nach Magdalenens Stube,
ob nicht ein Zeichen ihm möchte Aufschluß gewähren in dieser dunkeln Begebenheit, und das
sinnende, suchende Auge fand nicht das kleinste
Merkmal, das einer Muthmaßung hätte Raum
gegeben. — Jetzt riß es ihn empor, es wurde
heller um ihn her. Aber es waren nicht Lichte
der Hülfe und des Heils, welche flammten; es
waren die Gestalten der höllischen Furien, die
mit lodernden Fackeln, mit gellenden Wildlauten,
mit wuthfunkelnden Blicken ihn umzingelten;
beleuchteten die Blut- und Greuelthaten der ritterlichen Burgherren, und ihn aufforderten, zum
ungesäumten, sieggewissen Kampf gegen die Be-
dränger, zum Wiedergewinn seines schmerzlichen
Verlustes. Des Jünglings Brust tobte, seine
Stirne entbrannte in heißer Gluth, krampfhaft
zuckten seine Hände. — Und ich trage diese
Schmach! rief er mit Leidenschaft, trage in Geduld den Triumpf der Lasterhaften, der heute
mir Alles entreißt, was mir theuer ist im Leben!

Warum befreien wir uns nicht von der drücken-
den Bürde, die uns zu Boden beugt? Sind
unsere Hände gebunden, geschmiedet an Ketten
unsere Leiber? Warum werfen wir nicht von
uns das verhaßte, entehrende Joch, das unsern
Nacken belastet, gleich jenen mannhaften, her-
zensheißen Bergbewohnern, welche siegreich pflanz-
ten auf ihren Gebirgen die Fahnen der Unab-
hängigkeit? Gewährte den Bösen eine Fels-
mauer, ein Eisenthurm Schutz und Trutz gegen
den erstärkten, strafenden Arm der Gerechten?
Brachen sie nicht, sanken sie nicht die Wohnungen der frevelnden Zwingherren? Und war es
nicht ein Weiberraub, der einst *) die Bürger
von Zug zu den Waffen rief, Wildenburg, die
Riesenfeste, zu erklimmen, zu vernichten auf immer? .... Ein Mädchen, so rein, wie das Licht
des Himmels, so menschentreu und voll Edelsinn, mahnt mich, das Schwert zu ergreifen.
Die Schwache, die keine Furcht, kein Schreck-
bild zurückhält, hülfreich aufzustehen für mein
gefährdetes Leben, giebt dem Starken ein Bei-

---

*) Anno 1355.

spiel des Muthes in der Gefahr. Aus frohlo=
ckenden Bergklängen höre ich den Ruf ihrer
Stimme, der mich begehrt, laut mich auffordert,
zu kämpfen für ihre Rettung aus dem Gewinde
der Bosheit und Hinterlist für die Ehre des
heiligen Vaterlandes . . . . . Wem schulden wir
einen Tod? Wer wird fallen mögen für den
Kaiser, der nicht fähig ist der wahren Liebe für
Volk und Vaterland? Wer wird im Joch der
Gewalt verhauchen sein Leben um nichtiges Geld
im Dienst eines stolzen, ländersüchtigen Herrschers,
der kein Völkerfürst zu sein vermag? Fort mit
der Kaisergnade, fort mit dem lohnenden Für=
stengold. Die Pulse des Vaterlandes schlagen
für schönere Gefühle, schlagen glühend nur für
ehrerglühte Herzen. Ja, für dich will ich aus=
ziehen, will ich sinken; in dir liebte ich die Men=
schen, den Himmel, die Erde; du warst mein
heißgeliebtes Vaterland. Kein Tod ist schöner,
als der, den wir für ein Mädchen erleiden.
Wenn ich dich nur wiederfinde, einmal nur noch
wiedersehe, ob bleich, ob todt, dann will ich
gern erdulden den letzten Schmerz und dir be=
zeugen in meinem heißen Blut, meinem rothen

Blut des Herzens, wie ich's gemeint auf dieser Welt, o, liebe Magdalena ... Wohlan! die Stunden eilen, ich folge dem hellen Weg, der mir leuchtet durch die Dunkelheit, der heißen Stimme ewiger Treue, welche hoffend auf mich sieht. Keine Mauer soll undurchsucht bleiben, alle Kerkerwände sollen durchbrochen werden, und graben, wühlen soll meine Schwertspitze im schwarzen Blut der Schuldbefleckten. Mein Arm ist frei, ist ungelähmt, meine Seele gewaffnet mit Menschenrecht und Zuversicht! —

Stolz erhob sich das glühende Haupt, und rasch, wie der Entschluß, war auch der vollziehende Wille des noch von kriegerischem Geist belebten Mannes. Feucht und feurig glänzte sein Auge, Muth und Kraft gingen auf in seinem Angesicht, alle Nerven waren gespannt. Er gürtete das Schwert um die Lenden, riß es aus der Scheide, drückte es an die Lippen, und den Dahineilenden, die Wiedererlangung seines höchsten Gutes in der schwellenden Brust, nahm die Nacht unter ihre Fittige.

Wald und Berg sind Befreundete des Waidmanns, wie Mährchenerzähler und Spielleute

brüderlich sich die Hände bieten. Der Waldmann
kennt alle Wege, kennt alle Stege, Steilen,
Klippen, Steine. Wo Grabands Fuß gehört
wurde, erkannte ihn der Bergbewohner, wo
seine Stimme verlautete, wußte Jedermann,
wem sie angehörte. Da ertönte sie auf einmal,
da erklang sie wiederum, unerwartet, laut und
vernehmlich aus stiller Sommernacht. Aber ihr
Anschlag glich nicht dem fröhlichen Hüfthorn-
laut, dem Alpenlied der Abendfrist beim Son-
nensinken; sie war stärker, sprach begehrlich,
gleich Feuerglockenzungen, sie erweckte Wohlge-
sinnte, rief Freunde, verkündete ihnen die ge-
kommene Stunde der Erlösung, die Bestrafung
der Feinde der Wahrheit und Ehre, der Macht-
haber auf den Felsenkanten. Und war dieser
Ruf ein längst gewünschter in der Seele des
Berg- und Hüttenbewohners, deren Keiner nicht
hätte zu klagen gehabt über Ungebühr, Unbillen
und unverharrschte Wunden, so war er auch ein
um so werther und willkommner für Alle, der
in dem bewährten und lautern Zeugen der Bie-
derkeit und Rechtlichkeit seinen Antrieb und Auf-
schwung nahm, der nun mit Blitzesschnelle seine

Zündfunken sandte von Brust zu Brust, von Ort
zu Ort, und Regung und Rüstung strafbereiter,
vom Geiste der vollsten Uebereinstimmung gelei-
teter Mannen zum Werk weniger Augenblicke
schuf. Alsbald hatten Schaaren aus dem Olven-
felde mit andern des Steinthals sich erhoben
und vereint; der leidenschaftliche Krieger aus
dem Burgunderheere hatte ihnen Stellung und
Bestimmung angewiesen und sich selbst an die
Spitze eines angreifenden Haufens begeben, womit er, begünstigt vom Glück, dem gewöhnlichen Begleiter kurzer Bedenklichkeit und rascher
Thatkraft, jeden Widerstand, der sich ihm ent-
gegenstellte, überwältigte oder auseinandersprengte.
Schon in kommender Nacht färbte Zwingherren-
blut die Berge, lodernde Burgflammen den Himmel; von den Thurmzinnen und Wällen ächzten
der Wärter schaurige Nachthörner, silberne Glöckchen klagten aus ummauerten Klöstern in den
Sterbeschrei der Fliehenden und Fallenden, zu
den Flüchen und Verwünschungen der Obsiegen-
den, dem Krachen der Feuerröhre, dem Brechen
und Sinken der Thore und Brücken, helle Pfeifen schnitten zeichengebend durch die Lüfte, Frauen

gestalten, Zofen, Leibbiener, Windlichter führte
die Eilflucht aus verborgenen Fallthürgängen
über dampf= und funkenerfüllte Höfe nach fernem
flammenbemalten Waldgehölze; siegtrunken fiel
das Volk in die Gemächer und Rüstkammern
der gewonnenen Feste, erbrach eiserne Truhen,
öffnete die Weinkeller und jubilirte, begeistert vom
Safte des Rebenstocks, hier zur prasselnden
Brandsäule, in deren Gluthen Schwerter, Har=
nische, Speere, Spieße, Morgensterne funkelten,
dort zu den, aus Fenstern und Zinnen herab=
sinkenden Geräthschaften, Gewandten, Tüchern
und aus den geröteten Nachtwolken schauete der
von seinem Horst verscheuchte weiße Adler, krei=
seziehend herab in das Getümmel der dröhnen=
den Erde. Brabands Waffe, merkbar vor allen
Brüderhaufen, bahnte den Weg durch die sich
sammelnden Rotten, und unaufhaltsam riß er
die treuergebenen Bundesgenossen mit sich fort.
Mit jeder Stunde wuchsen Muth, Siegsgefühl
und Kampfzahl der racheübenden Volkswoge zu
neuen Fortschritten. Lustig rasselten Brücken,
knatterten Schüsse, erschlossen geheime Thurm=
pforten ihre eisernen Riegel, überall wurden un=

schuldige Gefangne erlöst, leichenblasse Geschlossne
befreiet und himmlischen Lichtstrahlen wiederge-
geben, und feig und ohnmächtig, sobald es Ver-
einigung gesammter Kräfte heischte zu einem Ganzen, wichen die geharnischten, schildverhüllten
Rottenreiter, oder ergaben sich ihren Zuchtruthen-
schwingern. — Aber ach, Magdalene, die Ver-
mißte, die Verschollene, deren Namen schmerzlich von den Lippen Heinrichs strömte, ward
nirgends gefunden, und die ermuthigende, belebende Hoffnung hing nur noch an einem schwachen Faden; denn auch Richemberg und Rodenstein, die bis jetzt unberührten Burgen, bargen,
wie bereits durch geheime Sandschaft sich ermit-
telt, das ersehnte Opfer nicht in ihren Mauern.
Noch ruhte der Verdacht auf Tannenberg und
Lichtenberg. Aber auch diese Schlösser, welche
in der Hand vertheidigungsschwacher Feinde den
Angriffen der Aufgeregten kein hemmendes Hin-
derniß waren, befriedigten die gehegten Erwartungen nicht.

Der Tag sank. Braband saß auf einem
Hügel, eine leichte Armwunde sich verbindend,
die er beim Einsturz einer Brücke empfangen

hatte, und blickte zuweilen hinaus in die nächtliche geräuschvolle Landschaft. Der aufgehende Mond machte noch lange die blinkenden Waffen der fliehenden Burghelden und Troßbuben sichtlich, die allmählig hinter den Bergen verschwanden. Er gebot einen dreistündigen Ruhestand, hüllte sich in Mantel und Pilgerhut und schlug den Weg nach Babenhausen ein.

Ein geheimer Weg führte ihn über den Wassgraben des Schlosses. Braband trat ins Gemach der Frau Heimbert.

Ich komme, hob er an, euch zu danken für eure Vorsorge, der ich sonder Zweifel meine Entlassung aus dem Herzogsheere zuzuschreiben habe.

Benedikte erkannte den Eintretenden, dessen Anblick der Kerzenschein noch flammiger malte, als er war, und faltete die Hände. — Gott der Erbarmung! rief sie aus, woher kommst du, was führt dich zu mir? O, meine Ahnung, meine Ahnung! Bekenne nur, du selbst befindest dich unter den Gebirgsvölkern. — nimmst

Theil an ihrem Aufruhr — und schweigst? Was
bewegt dich zu gräuelvollen Thaten? — Die
junge Walterin ist verschwunden — du hältst sie
für entführt und stürmst hinaus auf die erste
Muthmaßung.

O Braband, dies ist nicht das rechte Mittel,
das du anwendest, deinem verletzten Ehrgefühle
Genugthuung zu verschaffen.

Was soll ich euch zur Antwort geben. Arm
und allein auf dieser Erde hatte ich nichts, das
ich mein nennen durfte, als sie, die reine gute
Magdalena, die ich mir noch recht verdienen
wollte durch Lieb und Treu und Thätigkeit.
Da wurde ich aus meinem Frieden gerissen, ergriffen und hinweggeführt in ein fernes Land,
gleich einem Missethäter, zum Dank für meine
redliche Dienstbarkeit; ich kämpfte unter fremden
Horden, erhielt meine Freiheit, eile zur theuren
Heimath — und untergegangen ist mein Him-
melreich — Magdalene mir entrissen und verschwunden. Bedarf es noch der Frage, der Ein-
gebung für ein Herz, was es thun soll im größ-
ten Leid, das es betroffen? Verzweiflung ergriff mich, ohne Säumen sie zu suchen hätte

gottverfluchten Räubermauern, die sie bergen, ach sicherlich gefangen halten.

Dein Unternehmen ist ein allzugefährliches, das dich und die Deinen ins tiefste Elend stürzen kann.

Nicht sie allein ist es, die mich hinausruft ins Feldgeschrei. Die Qualen der leidenden Mitbrüder sind es, für die mein Blut wallt, für die ich gewaffnet bin. Die Zeit ist gekommen, ein Warnungszeichen zu geben jenen Gesetzgebern, das ihnen beweise, daß wir noch Herzen und Arme haben. Folgend dem innern Antrieb, der heißen Stimme der Noth und Verzweiflung, spreche der Leidende sich einmal aus gegen die abscheulichste Zwingherrnwillkühr und Unmenschlichkeit, erbreche die Burgen, nehme zurück, was ihm geraubt, und jage, verfolge die Bösen aus ihren Prasserhallen, wie man ihn aus seiner friedlichen Hütte gejagt und verfolgt durch Nacht und Graus. O, wie viel Treugesinnte, wie viel Männer des Biedersinns unter uns haben Gram und Schmach verderbt, und wie viel Handlungen fürstlicher Menschenliebelosigkeit — gedenkt der jüngst getödteten Ber-

nauer *) in Baiern — hat die chriſtliche Welt ru=
hig geſchehen laſſen. Fragt den Bürger, Berg=
mann, fragt Fiſcher, Waldheger, Pilger, ſeht
wohin ihr wollt und ihr werdet Klagen verneh=
men über Eingriffe in uralte Rechte, Klagen
über Zinſung, Zwang, gewaltſame Geldſtrafe,
erhöht und erhoben da, wo einmal laut gewor=
den der frohe Odemzug eines Schmerzgebeugten,
der, wie die Feigen wähnen, gefahrbringend ih=
rem zügelloſen Treiben, gleich im Keim erſtickt

---

*) Herzog Ernſt ließ ertrenken zue Straubingen Agnes
Bernauerin eine Balbirers tochter, eine Wunder=
ſchöne frauen, vmb daſſ ſie ſeinen Sohn Albrecht
zu der ehe genommen hett, und das nit widerſpre=
chen wolt. Ao. 1436 an St. Maximilianstag. Sol=
ches thett dem Sohn vaſt weh auf den vater und
ward deſſ vaſt laibig. Es hett auch ſobald es ge=
ſchah, den vatter hart geraben. Sie ward herrlich
begraben mitt einem ſchönen ſtain ob ihrem grab,
alſſ doch eine Fürſtin. Man ſagt, daſſ ſie ſo hübſch
geweſen ſey, wenn ſie roten wein getrunken hett,
So hett man ihr den wein in der khel hinab gehen
ſehn, Sie ward begraben zue Straubingen auſſer
der Statt bei St. peterskirchen.
    v. Freyberg Samml. hiſt. Schriften und Urkunden.
    I. Thl. Stuttg. 1827.

werden müsse, obschon der Hartbedrängte sein
geringes, im blutigen Schweiß erworbenes Ver-
dienst willig darbringt der Freiheit und Behag-
lichkeit des Gebieters. Das Volk ist nicht un-
lenksam, nicht verdorben. Niemand will die
Landruhe stören. Nur gegen Vermessenheit und
und Rohheit, gegen öffentliche Schmach und geheimen Kerkermord erhebt sich der Unglückliche;
er verlangt wiederum ein Maaß der Friedschaft
und Lebensruhe, wie er mit Recht laut und un-
verwehrt begehren darf. Denn der Herr der
Ewigkeit, vor dem allein wir unsre Kniee beugen, nicht vor Raubrittern und Unzuchtsmönchen,
schuf die Menschen frei. Himmel und Erde,
Berg und Thal gehören auch dem Geringen;
die Sonne scheint in die Hütte wie ins Für-
stenhaus. Sündliche Thaten verhöhnen dieses
Gebot, Formen, Verfügungen werden nicht gehalten, Klagen finden keine Hörung. Und solch'
Elend sollte nicht gerechten, rächenden Widerstand erwecken? — Liebe Frau Heimbert, jetzt
erst weiß ich es, weiß es gewiß, auch mein guter Vater starb nicht eines natürlichen Todes;
er fiel unter den muthwilligen Streichen dieser

Burgwüthriche, und die Erbe seines Grabes
mußte noch mit Geld erkauft werden von meinen Pflegeeltern.

Benedikte schwieg. Die Klagen des Volks
waren ihr nicht unbekannt, sie wußte, wie oft
Arme mit Thränen vergeblich vor den Pforten
der Gesetzgeber stehen, und in welchem Maaße
die Macht das Uebergewicht übte über das Recht.
Laß', entgegnete sie, laß' seinen Rächerarm erheben den, der nicht vergessen wird, zu züchti-
gen die Gottabgefallenen dieser Erde. Sie führten dies Leben immer nur geraume Zeit, und
als fühlten sie ihren nahen Untergang, suchen
sie in verabscheuungswerther Machtvollkommen-
heit sich noch recht zu sättigen auf der Bahn
des Lasters. Oft wird der Sitz der Großen ein
Ort des Entsetzens und in den Trümmern ihrer
stolzen Höfe schleicht die ruhelose Gestalt ihres
irdischen Lebens, während in der stillen Wohnung des edlen Dulders himmlische Engel den
Frieden bewahren. — Geh, Braband, ermahne
die Streitenden zur Ruhe, ehe Gegner sich euch
aufwerfen, denen ihr nicht möchtet widerstehen
können für die Dauer. Eine andere Zeit wird

kommen und eure Kräfte in Anspruch nehmen.
Ziehet heim, in Frieden. Und was Magdalenen
betrifft, so gieb dich keinen trostlosen Folgerun-
gen hin über ihr Schicksal, das ist gefehlt und
gefährlich. Wer kann ergründen, was ihr zuge-
stoßen in dieser wunderbaren Welt. Doch wo
sie auch weilen möge, ihr Edelsinn, Erfahrung
und Muth, die sie allzeit bewiesen, mögen
Bürge dir sein für ihre Standhaftigkeit und Fe-
stigkeit im Ungemach, bis uns Näheres zukommt
demnächst über ihr räthselhaftes Verschwinden.

Vergebt! — Mein Kummer ist grenzenlos!
Ach läge ich doch unter den Gefallenen auf jenen
Höhen.

Das ist nicht das Wort eines Mannes, wie
ich es gern höre, sprach sanft der Mund der
Matrone. Friede, Freude heißt das Leben in
seiner wahren Bedeutung. Geduld. Beide können, einmal verloren, auf Verlangen nicht so
eilfertig wieder bei der Hand sein. Laß dir jetzt
rathen, und folge meinem Vorschlag: Kehre, da
Viele dich noch werden unter den Burgunder-
fahnen wähnen, du auch leichter dem züngeln-
den Argwohn entgehst, dahin, wohin dich ruft

die Pflicht mit gültigen Ansprüchen an das Leben; kehre zu den sorgengebeugten Trostbedürftigen im einsamen Thal, sei thätig mit den Thätigen; vertraue der allliebenden Vorsehung und Ruhe und Zufriedenheit werden wiederkehren in dein schmerzbetroffnes Herz. Groß und herrlich ist die Erde, der Himmel der Lebenden, in den uns die Hand des Herrn geführt, damit wir uns erfreuen von ganzer Seele dieses Lebens, fern des ungebührlichen Verlangens, verlassen zu wollen die schöne Wohn = und Werkstätte hienieden. — Entferne dich nun unerkannt. Das Thor ist geschlossen, auf westlicher Seite jedoch ein Pförtchen offen, das du bei deiner Ankunft wohl schon benutzt haben magst, und wohin dich durch die Dunkelheit ein Führer geleiten wird. Was ich zu deinem Wohl thun kann, soll geschehen.

Ein sanfter Hauch mildert der tiefen Wunde Gluth. Eine heilsamere Weisung, einen andern Weg als den angedeuteten fand Braband nicht, der alsbald seine ferneren Entwürfe aufgab, den befreundeten Männern im Gebirge dankte und sie auseinandergehen hieß. — Mit offnen Armen

nahm Mutter Martha den Kommenden auf.
Sie hatte keine Hülfe, doch sie hatte Trost für
ihn, den er ihr nicht bringen konnte. Aber die
Beweise der aufrichtigsten Liebe, die er ihr gab,
thaten dem mütterlichen Herzen schon wohl. —
Laßt uns gemeinschaftlich unser Kreuz tragen
und der Lenkung des Höchsten vertrauen, sprach
er zu Vater und Mutter, laßt mich wieder euer
Sohn sein, der euch niemals verlassen wird.

Er hielt was er gelobt und war thätig mit
den Thätigen. Herr Walter versäumte nichts,
ihn aufzumuntern, mit heiterm Zuspruch ihm
zu erleichtern die Aufgabe seiner Tagesbeschäfti-
gung und ihn wiederzugewinnen für den innern
Frieden. Voll stiller Zufriedenheit über den Erfolg seines Bestrebens verstand er es, wie ein
ächter Naturfreund, das Erfreuende, Lehrreiche
und Weitaussehende des Landlebens hervorzuhe-
ben, einleuchtend zu gedenken der Vortheile einer frühern Zeit, diese mit der fortschreitenden
Gegenwart zu vergleichen und auf ruhmgekrönte
Fürsten des Alterthums, auf Kriegshelden und
gemüthbegabte Sagensänger der Vorzeit hinzu-
deuten, welche nicht verschmäht, neben ernsten

Berufspflichten auch der Naturallmacht ihre Betrachtungen zu widmen. — Blicke sodann auch,
fuhr er fort, und sorgfältiger, als du bisher gethan, auf das wechselvolle Blumenreich in seinen
sonnigen Abspiegelungen, und fühle, wie es gleich
lieblichem Gesang das Gemüth erquickt und be-
seelt. Kaiser Karolus jugendliche Töchterlein
hatten und hegten ihr eigenes, reich ausgestattetes
Blumengärtchen, welches nach Angebniß der
Kronik, innerhalb der Ringmauern des Schlosses zu Achen sich befand, allwo annoch Ueber-
bleibsel davon wahrzunehmen sein sollen. Und
die Königin von Burgund — du wirst hier
deines Herzogs kaum gedenken — ich meine, sie
hat Bertha geheißen, wie deine selige Mutter,
um uns eines zwoten Beispiels zu bedienen,
liebte Blumen so maßlos, daß sie, wie billig,
der blauen Blüthe des schlanken Flachsstengels
ihr Lob ertheilte, und wahrscheinlich darum auch
ihr eigenes Gewand selbst spann auf goldenem
Fürstenstuhl. — Im Frühling und Herbst nehmen wir unsere Einlegerei vor, setzen unsere
Versuche und Hervorbringungen in Saamenfär-
bung, Räucherung, Wunder- und Buntdoppel-

blumen zu gewinnen, fort zum Staunen aller
Welt, und dienen so, wie ich sagen möchte, dem
Himmel mit treuem Gemüth.

Ihr habt mir lange nichts von Bastian er=
zählt, bemerkte Braband. Wo lebt er jetzt, und
wie geht es ihm?

Wie kommst du auf den Sebastian? Gelt,
er brachte euch Kindern immer allerlei mit, brachte
dir einmal einen hübschen Wiedehopf und gab
vor, es wäre ein verwandelter König von Kreta,
das könntest du schon an seiner Zackenkrone sehn,
und du müßtest ihn ja anständig behandeln,
denn Könige äßen gern gut und würden leicht
grob. Ich besuchte meinen Bruder vor Jahren,
der als Beamter und verheirathet zu Windecken
lebte; ich liebte ihn vor den übrigen Geschwi=
stern, mit dem ich die freie Kindheit in unver=
geßlichen Haus= und Waldfreuden verlebt hatte.
Aber ich fand ihn ungewöhnlich still, gleich ei=
nem, dessen Zeit vorübergegangen, auch bei Er=
innerung an die Vergangenheit, welche doch die
Würze des Lebens ist, fast theilnahmlos, was
mir weh that. Und er lebte bequem, liebte die
Frau, sie liebte ihn.

Ihr seid zu keiner günstigen Stunde einge-
troffen.

Rein. Er schien unzufrieden, unglücklich, der
Himmel weiß, warum. — Wir sollen aber zu-
fried'nen Herzens dem Schöpfer danken für das,
was er uns gegeben, und nicht finster zu ihm
aufblicken, wenn unsere Erwartungen und Träume
nicht in Erfüllung gehn.

Er war der lustigste unter den Vettern, tanzte
mit den dicksten Heumädchen und erzählte uns
vom »Mann ohne Hände,« vom »wüthenden
Gebirgswind,« wobei er gräßlich=schöne Gespen-
steraugen zu machen wußte.

Ja, er war allzeit heiter in der Jugend und
hatte große Neigung zu kühnen Unternehmun-
gen und Abentheuern. Es vergißt mir nicht, wie
er am Clybeltage Peter Haller's Fuchs ausritt.
Sebastian schwang sich auf diesen gefährlichsten
aller Dorfgäule und riß mit ihm aus über Gräben und Zäune, wie Apel von Geiling auf seinen Luftschimmel. Hatte das Thier nun eine
Bremse am Unterleib, hing ihm ein Hund am
Schwanz, oder wollt es sich ein wenig abküh-
len: es springt mit einem ungeheuren Satz vom

hohen Ufer in den bodenlosen Billingsee, und
welgert sich wie toll in den Fluthen. Sebastian
aber sitzt wie angenagelt, haut um sich, bis der
Fuchs endlich am jenseitigen Ufer von Schilf=
kraut, Schaum und Schlamm bedeckt, wieder
auf festen Boden gelangt. Solche Versuche lähm=
ten jedoch seine Reitlust nicht. — Einmal steigt
er während des Gottesdienstes vom Thurm auf
die äußerste Spitze des Kirchendaches, ruft der
Mutter — wir wohnten der Kirche nah — sie
sollte aus dem Fenster gucken. Sie guckt, sieht
den lieben Sohn auf einem Bein auf dem Dach,
und sinkt in Ohnmacht. Jetzt geht er zurück,
und wie gerade der Geistliche auf der Kanzel
spricht: der Herr beschütze dieses Haus vor Un=
glück! — kracht die halbe Dachung unter hölli=
schem Gedonner zusammen, und Alles glaubt
den jüngsten Tag im Anzug. Er hatte Gott zu
danken, mit heiler Haut davon gekommen zu
sein. — Völlig ernsten Ausgangs war aber seine
Schatzhebungsgeschichte an diesem Ort. Es heißt
nämlich, wie du wissen wirst, daß, wer in der
Johannisnacht im Mondschein dreimal um die
Kirche läuft, dabei ein Vaterunser betet, dann

dreimal drei Schritte gehend vor einem Schatz
stehet, den er heben kann. Sebastian will ihn
heben, rennt in der Johannisnacht im Mondschein dreimal um die Kirche, geht neun Schritte
und sieht sich vor der Kirchenthüre. Er schaut
umher, erblickt nichts, und klopft nun mit star-
kem Finger an die Thüre. In diesem Augenblick ist ihm, als richte sich in der Kirche eine
große Menschenmenge auf und ruft eintönig mit
hohler Geisterstimme: herein! Dieses Herein
klang ihm fürchterlich. Bleich floh er hinweg,
und hat lang' auf keine Frage gehört. Seltsam,
daß aus den heitersten Menschen die ernstesten
und finstersten werden. Eine Erscheinung, die
unter Frauen selten gefunden wird, welche der
Heitersinn der Jugend in's Alter begleitet, und
die daher, wie in so vielen Dingen, auch in diesem Stück einen Vorzug vor den Männern haben.

So gebrach es nie an Stoff für das Tages-
gespräch, und Herr Walter wußte des Kurzwei-
ligen Manches aufzubringen, indeß der empfäng-
liche, oft noch schmerzlich berührte, stille Pflan-
zenwärter unerläßlich den Fußtapfen der theuren
Vorgängerin nachfolgte und überschwenglichen

9*

Segen fand in seiner Mühewaltung. — Sank
dann der Tag, ruhte die Arbeit, so goß der
milde Abend Balsamtropfen in die offne Wunde,
wenn er die einsamen Laubgänge suchte und sei=
nem verschwundenen Glück nachhing.

Kein Haus, kein Gefilde gewährt einen so
trüben und niederschlagenden Anblick, als das,
in dem ein geliebtes Mädchen wohnte, von wel=
chem es nun verlassen steht. Jeder Gegenstand
mahnt an ihren Verlust, es ist, als müßte sie
wiederkommen, die hier lebte in jugendlicher
Pracht, als könnte sie gar nicht ausbleiben, als
müßte ihr helles Auge jetzt blicken durch das sich
aufthuende Fenster, an der Thüre nun ihr Ge=
wand, unter diesem Baum hier, hinter jenem
Blumenstrauch dort ihre entzückenverheißende,
schöne Gestalt wieder zum Vorschein kommen
und neues Licht, neues Leben, neuen Frohsinn
ausströmen in das erwartende, hochklopfende
Herz. Ein unaussprechlicher Ausdruck der Weh=
muth ruht auf dem Gefilde, als ob es fühle mit
dem Trauernden, als ob es leide mit dem Lei=
benden. — Heinrich empfand dies mit tiefem
Schmerz, wenn er, an einem Baum gelehnt,

seine Blicke auf die Umgebungen richtete. Es
trieb ihn von einem Punkt zum andern. Nir=
gends genoß er der Ruhe. Kam er an einem
Rosenstock vorüber, so hauchte es ihm warm ent=
gegen wie der Odem Lenchens; blieb er bei der
Lilie stehn, so hört er es seufzen wie beim Schei=
den, wenn sie noch einmal die Lippen ihm zum
Kusse bot .... Lenchen! athmeten die krausen
Grasnelken — Lenchen! die zarten Aurikeln;
und die braunen Feldtulpen, die Primeln und
Goldschellchen, alle erzogen und gepflegt von ih=
rer Hand, sahen ihn fragend an .... Stieg
nun vor ihm auf in den Bildern einer unaus=
löschlichen Freudenzeit, die Kindheit, die er mit
ihr zugebracht — wie wurde ihm da so selig.
Am Bache dort hatte sie weiße Kiesel und Mu=
scheln gesucht, die Blutfischchen ihm gezeigt in
leichtbewegter Tümpeltiefe — die ersten Früh=
lingsblumen aus warmer Hand ihm gebracht
zur engen Mooshütte, in der er ihr ein Binsen=
hütchen flocht, und die nur Raum und Schatten
hatte für zwei ganz glückliche Seelen. —— Vor
ihm stand sie im vollen Lockenkopf an des Jah=
res freudenreichsten Kindertag, dem Weihnachts=

tag, lauschend in dunkler Kammer des Christ-
kindglöckchens — guckend, lächelnd unter'm hoch-
erhellten gold- und silberschimmrigen Zucker-
baum .... Schlafend im schmalen Bettchen,
die bloßen Arme ruhend auf blaugeblümter Fe-
derdecke, sah er Magdalenen: ein leichter Anflug
von Bitterkeit zuckte in ihren Mienen, der endlich in Schmerz überging; denn ach, ihr träumte,
der getreue Gespiele wäre ein Bär geworden,
käme angetappt auf schweren Tatzen und wollte
ihr nun das Köpfchen kahl abbeißen — und sie
erwacht unter angstbelebten Blicken, greift mit
bebenden Händen prüfend nach seinen Augen,
nach seinem Mund und lehnt sich dann mit verschämten, thränenbedeckten Gluthwängchen an
seine Brust, mit halberstickter Stimme fragend:
bist du mir denn noch gut, Heinrich? — Nicht
minder lebhaft erinnerte er sich des Tages, an
welchem er mit ihr in die Heidelbeeren gegangen war. Ein fürchterliches Gewitter hatte unvermerkt sich erhoben, und heimfliehend, doch
bald erschöpft, hatten Beide Zuflucht genommen
unter einem Bäumchen, das nur geringen Schutz
gewährte. Er umhüllte Magdalenen mit seinem

Gewand, schloß sie enger an sich, hörte und fühlte
das schlagende Herz in ihrem zarten Zitterleib=
chen, an das die durchnäßte Kleidung klebte.
Mächtiger rollte der Donner, zuckten Blitze,
stürzten Hagelschauer. Ach, klagte das Mäd=
chen, wenn uns der liebe Gott nur nichts thut
unter diesem Bäumchen. Er tröstete sie, daß ja
auch Kinder unter dem Schirm Gottes ständen;
und als es wieder ruhig wurde, die Bächlein
sich ausgemurmelt hatten, ein heller Regenbogen
vom Himmel lachte, und Beide daheim ange=
langt, entkleidet, in weißen Hembchen lächelnd
einander gegenüber standen, sprang das Mäd=
chen plötzlich nach dem geliebten Hausgenossen,
schlang die Arme um ihn und sprach im Ton
kindlicher Rührung: »o, du armer, guter Hei=
ner, du bleibst immer bei mir, wenn mir bang'
wird, hängst dein Röckchen mir um, setzest dein
Käppchen mir auf — ich kann dir nichts geben,
ich klein Mädelchen, aber wart nur, wart nur,
wenn ich erst groß bin, will ich dich auch noch
einmal so lieb haben!« — Noch klangen sie in
seiner Seele wider die Laute der Vergangenheit,
mit denen sie einst sich an ihn geschmiegt und

ihm ihr Herz gezeigt; und er gedachte ihrer reinen, vertrauenden Kindlichkeit und Liebe, wie wir nach Jahren zurückblicken auf die treue Mutterliebe, für die wir jetzt erst das rechte Gefühl der Erkenntniß erlangt haben. — Nun entfalteten sich die Knospen ihrer Jugend, leuchtender spiegelte sich die Seele im Auge, und als er nach Monden der Trennung einst statt des Kindes die auferblühte Jungfrau fand unter der zweigigen Linde des heimischen Gartens, als sie ihm zum schönsten Gruß das liebste seiner Lieder, das ewige Lied der Treue:

»ich ging zum Brünnle,
zum Brünnle ging ich« —

sang mit seliger Stimme, da wollte sein Herz vergehen im Wonnegefühl einer namenlosen Liebe.

Lenchen, liebes Lenchen! — sprach es sanft in die stille Mondnacht — ich kann mich nicht von dir losreißen und muß an dich denken und bei dir sein . . . . du warst schöner als der Maitag, lieblicher als die Rose im Morgensonnenschein — deine Herzliebe freute mich mehr, als der Frühling und die Blumen der Erde — deine Stimme hörte ich lieber, als das Lied der Lerche

und den Sang der Bienen auf abendröthlicher
Flur .... Wald und Berg! ihr meine Luft.
Frohlockend mit den Fröhlichen, schlug auch die=
ses Herz; keine Seligkeit war größer für mich,
als bei euch zu sein, zuweilen auf euren grünen
Halden, euren Schattenhügeln .... Ach, wie
viel tausendmal schöner, als Jägerluft und Wal=
desnacht warst du, mein Lenchen, wenn du mir
entgegeneiltest so freudenvoll, so warm, wenn
dein Auge mir lachte und deine treue, weiße
Bruft bei mir war, die ich so lieb hatte ....
Berg und Thal — blaue Felsenhöhen, Blumen=
auen — Sonnenlicht und Mondenschein und
was sie Schönes bringt, die Erde — es ist
Nichts gegen die Himmelsfreude, die mir mein
Mädchen gewährte.

So klagte es unter den Bäumen, unter den
mondbeglänzten Gartenblumen, und die Bäume
und Blumen sprachen es nach, der Abendwind
wehte leis in des Betrübten Klage, und im
Schilf des Baches flüsterte es geheimnißvoll wie
Geistergetön um die Hügel der Abgeschiednen.

Die Blumen verwelkten, der Sommer ver=
ging, die Schwarzdroffel sang ihr Scheidelied
und eilte gen Süden mit den Bewohnern der
Haine, der Specht strich kreischend durch's Ge=
hölz, der Baumläufer lief über den Stamm, der
Eisvogel huschte über den Bach — schrillend
zog die Möve, zog das Moorwild aus den Süm=
pfen, die Birke wurde roth, die Feldbirne gelb
und im hellen Sonnenschein brannte der Wald.

Weiße Wölkchen ruderten wehmüthig durch
den dunkelblauen Himmel, in den Lüften schwebte
ein zackiger Kranichzug, das Rebhuhn purrte aus
dem Feldgraben — auf kahler Wiese stand die
»nackte Jungfrau,« die einzige unter den ver=
schwundenen Blumen — gefüllt mit dem Segen
des Jahrs lagen die Speicher, beschwert die säu=
berlichen Kellerhurden mit edlem Kernobst — es
klappte und buffte der Dreischlag der Drescher.

Susanna kroch in den Hinkelstall zu den Leg=
hühnern, Ammi, die rothhaarige Milchjungfer,
melkte, Himm, der Schäfer, nannte sie einen
Fuchs, sie drohte ihm mit dem erbacher Folter=
vogt; Beth, die Futtermagd, wusch am Bach,
ihre stämmigen Beine wurden sichtbar, es spot=

tete der Bergbub', der ein gerades und ein krum=
mes Bein hatte, es neckten und lachten die Gärt=
nerburschen.

Blätter und Stänglein knickten zur Erde,
Frost und Reif hingen Perlen, Feenringe und
Brautkränze um die versilberten Baumzweige,
malten dem Ranken = Bach weiße Sternblüm=
chen, die sich küßten, weiße Veilchen und glo=
ckige Schaukelköpschen — Schneeflocken deckten
die Flur, setzten den Büschen Schlafkappen, den
Schwarztannen Kronen auf, bekleideten die Berg=
spitzen mit weißem Gewand, welche erglühten
im Abendroth, gleich rosigen Jungfrauen — kum=
merbeladen, ihrer lieben Kinder gedenkend, stand
Mutter Martha am Fenster und schaute hinauf
zu den Wolken.

Sanfte Täubchen kamen mit feinem Vernei=
gen, spiegelten die volle Brust in Magdalenens
Fensterscheiben und horchten in die einsame Stube,
und schwarzköpfige Meisen und goldschmucke Em=
merlinge, die redlich mit gesungen im Frühling,
nickten und pickten und wollten was haben in
gewohnter Winterweise; aber das rundscheibige
Fensterchen ging nicht auf, keine Stimme rief,

keine Hand streute Saamenkörner — leisen Ge=
beins kamen zum verlassenen Garten muthige
Rehchen, zu naschen hier ein Keimlein, dort ein
Sprößlein, so aus dem flimmrigen Flockenbette
guckten — im Hofe kullerte der welsche Hahn,
es schrie der stolze Vogel Pfau.

Dunkles Nachtgewölbe verhängte den Him=
mel, der Mond brang aus zerrissenen Gewölk,
verschwand, kam wieder — auf blutiger Fährte
trabte der Marder — still steht die Felsenmühle —
die Müllerfrau schleicht in die Schlafkammer und
legt, zur Erforschung des Geheimnisses, der
Tochter das Herz eines Uhus auf die entblößte
Brust, der Mund des Mädchens lispelt —
graue Nebelmänner wanken riesenhoch herüber
vom Todtenacker die Heide entlang — Stürme
wühlen in den ächzenden, alten Bäumen, die
Wetterfahne knarrt, im Blachfeld heult der
Wolf, glühaugige Eulen rufen: »komm mit!
komm mit!« und wecken Schauer in dem ban=
gen Herzen — es zittert und lauscht der treue
Hund. — —

Der Winter verging, Frau Sonne, die
Liebliche, strahlte wieder warm, der Schnee zer=

rann, Rosmarin und Burbaum trieben Keime,
die Haselstauden schüttelten ihre Lämmchen, die
Frösche quarten, Baum neue Gehügel wurden
grün, die Lerche brachte neue Himmelslieder, die
ausgeschlafenen Blumen neue Lenzblüthen, die
Vögel nahmen ihre verlaßnen Blätterlauben
wieder ein, die Enten wackelten zum fesselfreien
Murmelbach, der Guckuck sang zum Lied der
Nachtigall.

So war ein Jahr verflossen, ein Jahr voll
Hoffnung und Trauer hingezogen dem Walter-
schen Hause. Morgen kam der Tag Maria
Magdalena, morgen der Jahrestag, welcher der
Familie die vielgeliebte Tochter entriß. Die
Erinnerung an diesen Tag zog wie ein schnei-
dendes Schwert durch die Seele des armen
Heinrich.

Um seinen Empfindungen keine Macht ein-
zuräumen, wollte er noch heute Haus und Thal
verlassen und, Zerstreuung suchend, die nächsten
Tage in einem fernen Gau verbringen. Heinrich war noch beschäftigt, im Hochwalde einige
Bäume zu bekreuzen, welche von den dienst-
thuenden Köhlern für das Holzbedürfniß der Ho-

fung gefällt werden sollten. Da schlug der Ton
eines Waldhorns an sein Ohr, ein weicher,
schweigsamer Hornklang, ganz wie einstens, da
er noch in reinster Freude die Umgegenden durch=
schwärmt unter der frohen Weidgenossenzahl.
Und wie der ferne Alphornlaut die Seele berührt
und aufregt in ihren Tiefen, so empfand er
heute mächtiger als jemals in diesem Waldgruß
die schönste und ergreifendste Mahnung an die
Stunden die er vorhinnig genossen im Kreise
der Gefährten in herzbeglückender Natur. — Du
liebes Horn, sprach er vor sich hin, von wannen
kommt dein süßer Gruß? Wessen Stimme dringt
in meine Seele? Ist es die eines Trösters, die
zu mir spricht in so schmerzlichen Lauten? Vor=
mals, ach da klang er so lieb, so schmeichelnd
dein heller Ruf; er lockte ins Gefilde, rief zur
gewissen Freude, die, wie ich glaubte, nimmer
werde zu Ende gehen. Was glaubt und hofft
nicht das arme Menschenherz! Entflohen ist diese
Zeit, entflohen mit ihr meine Zufriedenheit; und
verzehrende, ewige Bekümmerniß hat die Stelle
meiner Friedsamkeit eingenommen. — — Doch
heute, du unbekanntes, goldenes Horn, sollst

du mir nicht vergeblich gerufen, nicht vergeblich
mich aufgefordert haben; noch einmal will ich
euch heimsuchen, ihr alten, weltewigen Wälder,
noch einmal will ich durch eure Klüfte ziehen
und aufrütteln dieses Herz, ob noch ein Fünk-
chen Freude verborgen ruht in seinem öden
Grund. — — Und horch! Waldhornklänge erheben sich abermals, sie nahen, weichen, erster-
ben im sanften Geriesel der Blätter. Die Sonne
ging unter. Die Wachtel schlug im Waizenfelde.
Heinrich warf die Arbeit hinweg und kehrte
heim. Er schloß einen dunkeln Schrank auf und
nahm sein vormaliges Feuerrohr zur Hand. Er
konnte nicht leugnen, als er es von Staub rei-
nigte und seinen eingegrabenen Namenszug wiedersah, daß es doch eine schöne Waffe und ihr
Gebrauch so mannigfachen Nutzen und Vergnügen gewährte. — Heraus denn, heraus aus
deinem Bannort, sprach er lebhafter. Laß sie
wieder einmal erschallen durch Wald und Thal
deine gewaltige, stein- uud gebeinerschütternde
Sprache, und beruhige mich auf einsam nächtli-
cher Fahrt, die meine letzte sein wird. Braband
warf das Rohr über und schlug bei Anbruch der

Dämmerung einen Weg in's Gebirge, welcher
in der Lichtfluth des kommenden Mondes lag
und ihm günstig schien für seinen heutigen
Streifzug, es war eine wunderbare Nacht. Die
Blumen des Waldes gaben süße Wohlgerüche,
die Kräuter spendeten ihre frischen Düfte, und
was da lebte in den stillen geheimnißvollen Wal-
desschatten, ergötzte sich der schönen Vollmonds-
kugel, welche, alles verherrlichend mit ihren
Goldgluthen, höher und flammender emporstieg
in den wolkenfreien Nachthimmel. Noch einmal
zu üben die altgewohnte Weidmannskunst, und
zuversichtlichen Hoffens auf eine entsprechende
Beute, schweifte Heinrich tiefer in die Forstung
ein. Bald nahm er Regungen, bald wohlbe-
kannte Schritte im nachhallenden Boden wahr. —
Ha! da zeigte sich ihm ein Hirsch von hohem
Geweih und stolzem Gliederbau, wie ihm niemals
begegnet war. Und eingedenkend seines Ruhms
und Rufes als guter Schütze, wissend, daß ein
reicher Gewinn nicht könne errungen werden ohne
Mühe und Anstrengung, faßte der eilfertige Jagd-
erfahrene die werthvolle Erscheinung mit gedop-
pelter Aufmerksamkeit ins Auge.

Der edle Renner entwickelte jedoch eine un-
gewöhnliche Lebendigkeit und Schnellkraft, war
bald an dieser, bald an jener Waldseite zu sehen, war erkennbar zwischen den Baumstämmen,
wie in der niedern Holzung, und vereitelte durch
pfeilschnelles Fliehen über Pfade, Hügel, Hecken
alle Bestrebungen und Anschläge, so vorsichtig
sein Verfolger selbe auch glaubte erwählt zu haben. Gefallen war der erste Schuß, gefallen
der zweite, es folgte der vergebliche dritte. Heiß
erglüht, doch unermüdlichen Andrangs eilte Braband dem Flüchtling nach, der bei gesteigertem
Gehör und verstärkter Sehnenkraft nun größere
Gewandheit im Ueberspringen der Felsgründe
und Gräben bethätigte, während von dem Nach-
setzenden lästige Stege, Raine, Giesbäche, gefällte
Baumstämme umgangen, überschritten, trügenden Schatten Trotz geboten werden mußte. —
Die Zeit flog. Braband dachte nicht daran,
sein Spiel aufzugeben, noch zu verwirklichen seinen
vorgesetzten Ausflug in die Ferne, gedachte nicht
der bedeutenden Wegstrecke, welche er bereits
zurückgelegt, noch entsann er sich in seinem Eifer des Waldgebiets, auf welchem er gegenwär-

tig sich befand, das in der That jenem ganz
entgegengesetzt lag, welches er vor einigen Stun=
den betreten hatte. . . . . Da winkte ein neuer
günstiger Stern: wiederum, wie aus der Erde
gestiegen, stand dicht vor ihm auf mondiger Kuppe
der schlanke Waldbewohner und wog und
schwenkte sein stolzes Gehörn im Strahl des
glänzenden Himmelslichtes. Noch einmal gelt'
es. Der Zeitpunkt war ein zu kostbarer, als
daß er hätte außer Acht gelassen werden dürfen.
Schon war das vernichtende Blei dem heitern
Leben zugewendet, da sah sein scharfer Forsch=
blick plötzlich die Gestalt eines über den nächsten
Kreuzweg schlüpfenden Weibes, und ahnend, be=
wußt des alten Jägerglaubens, für diesen Tag
nun auf kein Glück mehr rechnen zu dürfen,
entfloh die vierte Kugel dem Lauf des Rohrs,
welche klappend in die Rinde des nahen Bau=
mes schlug. — Schweißtropfen standen auf der
Stirne des Jägers. Der höchste Mißmuth be=
mächtigte sich seiner, denn ein ähnliches Unheil
hatte ihn nie betroffen. Er glaubte in einem
Zauberwald zu jagen. Er sah sich um. Seine
Troddelmütze hatten unsichtbare Hände ihm ent=

führt, sein Gewand das Dornicht übel zugerich=
tet. Erschöpft warf er sich unter eine Buche
nieder, um nach kurzer Rast einen nochmaligen
Zug zu beginnen, und eine unüberwindliche Mü=
digkeit beschlich seinen träumerischen Sinn. . . .
In dämmernden Fernen erwachten Waldhorn=
töne, süße Waldhornklänge schwebten näher und
näher — vernehmliches Bellen der Hunde —
Hufschlag und muthiges Wiehern der Pferde —
der Jäger Hussah! der Jäger Halloh! — das
Zeichen zum Erlegen, das Zeichen zum Todtan=
blasen des gesunkenen Wildes — himmlische
Laute, himmlische Lust . . . . Dumpfe fortdröh=
nende Schläge — ein Hochgewitter, das ernst
und feierlich heranzieht an hoher Himmelswöl=
bung — es lauschen die Vögel in den stillen
Bäumen, wie betend senken die Wachsbienlein
ihre Häupter, ihre Flügel; kein Thierlein be=
wegt sich — Hügel und Höhen glühen im Pur=
pur des Morgenroths . . . . Unter Donner und
Blitzschein naht Hubertus, der Heilige, eine
hohe Reitergestalt auf weißem Rosse, gefolgt von
schimmernden Rittern, Knappen, Windspielen —
nun rauscht es im Gezweige, ein mächtiger

Hirsch, das Bild des gekreuzigten Erlösers zwischen seinem Geweih tragend, taucht aus den Edeltannen und schreitet heraus zum offnen weiten grünen Waldplan, ruhigen Auges den Fürsten erblickend, der alsbald sein Roß verläßt, das Knie senkt, die Hände faltet vor der hehren Erscheinung — tiefe Stille, sanfte Laute ertönen — regungslos stehen die Ritter, die Knappen, die Windspiele, der Wald.

Zu festem Schlaf sind Heinrichs Augen versunken.

Drüben im Dorf verkündet der Schlag des eisernen Hammers die Stunde der Mitternacht.

Johanniswürmchen funkeln unter der kühlen Buche, schwimmen hinweg, kehren zurück und ziehen neue feurige Irrtänze um den träumenden Schläfer. — Matte Lichter wachsen auf den höchsten Bäumen, des Morgenvogels Stimme schmettert, die Webspinne setzt ihre Glieder in Bewegung und verläßt ihr Hängebett; heller wird der Himmel — des Hahns gespenstischer Ruf ertönt — da kommt es geschlichen, behutsam und vorsichtig geschlichen durch das Raschellaub, durch die Büsche des Wegs herangegan-

gen, angehaucht von der Morgenluft, regen sich
die Blätter, wispern die Bergblumen, — jetzt
setzt es über einen Graben — und Lenchen, die
verlorene Magdalene Walter, steht neben Hein=
rich Braband unter der breitzweigigen Buche,
unter den tanzenden, jubelnden Johanniswürm=
chen. Noch birgt der enge kurze Mantel jener
Nacht ihre blühende, schöne Gestalt; das dunkle
Netz umspannt noch ihr zartes Goldfadenhaar,
indeß ein Armbändelchen, schimmernd wie Sil=
berflor, ihr das Ansehn giebt, als käme sie eben
vom nächsten, lustigen Jahrmarkt her. Zusam=
menschreckend vor dem Anblick eines schlafenden
Mannes, will Magdalene schnell ablenken, doch
bewegt von Menschenliebe, es möchte ein Hülfs=
benöthigter sein, tritt sie beherzt näher und er=
kennt den Schlummernden . . . . Gott, er ist's,
Heinrich ist's! athmet sie mit stürmender Brust,
und sinkt zitternd vor ihm nieder . . . Heinrich!
stammelt es unhörbar von ihren Lippen, bin ich
wieder bei dir, hab ich endlich dich wieder! lebst
du, woher kömmst du? Allmächtiger Himmel!
— Er bewegte sich nicht. — Heinrich, wieder=
holte sie stärker unter hervorbrechenden Freuden=

thränen. — Der steinerne Ordensritter, der, wie er, die Hände faltet auf dem Grab der Kirche, fällt ihr ein, und berührt von Grauen, rütteln ihre Hände heftiger an dem Schlafvergrabenen. Wach auf, wach auf, Heinrich! Kennst du mich nicht mehr? er fährt empor, greift nach dem Jagdgewehr und ruft, die Erscheinung anstarrend: Kommst du endlich, mich abzuholen in die Wohnungen der Todten . . . .

— — Lieber, lieber Heinrich! ertönte es in wohlbekannter, glockenheller Stimme.

Heiland der Welt — Magdalene! wär's möglich, wär's möglich! Mein Herrgottsblümchen, mein Heilgenbildchen! Allliebender Himmel, laß es nicht aufhören zu schlagen dieses arme Herz! Lenchen, Magdalenchen, ich hätte dich wieder, habe dich wirklich wieder? Von wannen kommst du? Wer hielt dich gefangen eine Ewigkeit hindurch? Rede, überführe mich, daß ich dich und keine Truggestalt in meinen Armen halte.

Drunten, drunten, flüsterte sie an seinem Hals, indem sie ihm mit dem Finger den Mund verschloß. — Komm hinweg von diesen Höhen,

noch ruhen die Eltern, und Mond und Sterne
werden bleich. . . .

Er flog mit seinem wiedererlangten Eigen-
thume, flog, als könnte sie nochmals ihm entzogen werden. Er eilte mit ihr über Stock und
Stein. Athemschöpfend ruhten sie hier ein Weilchen, stumm sich ansehend, lieblich beschienen
vom Purpurlichte des jungen Tages, ruhten
dort ein Weilchen — eilten, weilten abermals,
Herz an Herz gepreßt — zogen thalabwärts weiter, standen wiederum still auf grüner Matte
und küßten sich die schwellenden Lippen, die lie-
beblühenden Lichter der Augen, freudetrunken
wie Himmelsfröhliche, wie gottbeglückte Him-
melsselige, und weinten laut und hielten sich
umschlungen — die Freude hat ihm Riesenkraft
gegeben, er trug das Mädchen fast in seinem
starken Arm, und endlich, endlich langten sie an.

Welch frohes Erwachen, welch Wiedersehen
staunender sprachloser Eltern! — Mutter Martha war einer Ohnmacht nahe; in den Armen
ihres blühenden Kindes schlug sie die Augen auf
zum neuen Leben.

Magdalene war außer sich vor Staunen und

Verwunbrung, ein Jahr lang fern gewesen zu sein vom elterlichen Heerd. Sie konnte nicht glauben, was der Vater versicherte, die überglückliche Sanna und das ganze Haus wiederholte und betheurte, wenn ihr allmählig auch mehr und mehr einleuchtete, sie müsse doch wohl länger, als eine Nacht abwesend gewesen sein.

Mutter, Mutter, rief das Mädchen, wie magst du dich geängstigt haben, welchen Kummer mag du ausgehalten haben um meinetwillen! Vergiebst du mir meine Schuld auch von ganzer Seele, und bist wieder meine liebe Mutter, wie ich dein bin in alter, treuer, unvergänglicher Liebe.

Auch in einem Jahr, sprach die bewegte Mutter, kann sich vieles ändern — ich bin krank gewesen, recht krank — ich hätte sterben können — sieh mal hinaus in den Hof: dort liegt unser schöner kräftiger Ahornbaum, den gestern ein Wetterstrahl zerschmetterte.

Aber die liebende Tochter erhob ihr Haupt nicht; sie weinte sanft am Herzen der Mutter.

Da rollte ein Wagen.

Es war Base Benedicte, welche von der

jubilirenden Familie aus dem Wagen gehoben
ward, und die nun vor allem die theure Wie=
dergefundene bewillkommnete mit freudigem Aus=
druck über ein so herrliches Zusammentreffen
und Wiedersehen. — Schnell eilten die Stun=
den, in denen Heinrich Lenchen seine Erlebnisse
beschrieb; und es läßt sich denken, wie Magda=
lene nun aufgefordert und bestürmt wurde, ihr
eignes Schicksal umständlicher mitzutheilen, als
dies im Gewirr des Hin= und Herfragens hatte
geschehen können; welchem Verlangen sie mit
freundlicher Zusage entsprach.

———

Der Abend kam. Aller Blicke waren nach
Magdalenen gerichtet, welche, einen Augenblick
noch auf ihre im Schoß ruhenden Hände nie=
derschauend, also begann:

Die Stunden sind vorüber, in denen mir
auferlegt war, zu schweigen von Dem, was
mir begegnet, und nun darf ich reden. —
Euch ist bekannt, wie betrübt ich war, da wir

Heinrich verloren, ihr wißt, welche Versuche ich
anstellte, ihn wiederzufinden. Ich dachte Tag
und Nacht an ihn und fragte den Himmel, fragte
die Sterne, ob er noch lebe, ob ich jemals ihn
werde wiedersehen. In solchem Sinnen und Suchen, unter den finstersten Gesichten und Schre-
ckenszeichen, die mich nicht verließen, sah ich eines Abends, als mein Blick noch einmal nach
dem Sternenhimmel sich wandte, auf den neun-
kirchner Höhen ein Licht leuchten von seltsamer
Hellung. Anfangs ängstigte es mich, es könnte
Feuer sein, angegangen durch Kohlen eines Hir-
tenherdes, das nun, wie vor Jahren einmal,
der Nachtwind möchte anfachen zu verzehrenden
Flammen. Aber es vergrößerte und bewegte sich
nicht, verschwand, kam und stand wieder still,
wie herabblickend in die Tiefe. Nachdem ich es
eine Weile beobachtet, fielen mir die Bergweib-
lein und alle die schönen Geschichtchen ein, die
ich noch aus der Kindheit von ihnen wußte: wie
gut sie gewesen, wie sie die redlichen Menschen
besucht, die Armen beschenkt und hülfreich beigestanden allen Nothleidenden. — Das Flämmchen erlosch endlich, doch nicht in meinen Ge-

danken und Vorstellungen; es erweckte das Ver=
langen in mir, die guten Unsichtbaren insgeheim
einmal aufzusuchen in ihrem verborgenen Erd=
häuslein, aufrichtig ihnen zu vertrauen, was
mich unglücklich gemacht, und mir ihren Beistand
zu erbitten. — In kommender Nacht schon, da
ich schlaflos, wie immer, auf meinem Ruhebette
hingestreckt lag, ging die Thüre auf und eine
Erscheinung nahte meinem Lager, in welchem
ich eine der Gestalten zu sehen glaubte, die mir
aus jenen unvergeßlichen Abenderzählungen noch
im Gedächtnisse lebte. Ein kleines Weibchen,
von einem weißlichen Schimmer umflossen, stand
vor mir, sah schweigend mich an und winkte mir
mit dem erhobenen Finger der rechten Hand. . . .
Wer bist du — warum kommst du zu mir in
dunkeler Nacht? fragte ich die Erscheinung, welche,
da ich mich im Bette aufgerichtet, ein Wenig
zurückwich. Ein Schauer durchrieselte mein Ge=
bein. — Kennst du mich nicht? antwortete es;
kennst du die nicht, von der du so oft gehört in
den vergangenen Tagen? — Denkst du der
Stillen nicht, die den Bekümmerten und Leid=
gebeugten beistehen? — Ich gehöre zu denen,

welche drüben wohnen im tiefften Grund des
Berges, deſſen Haupt ſich in die Wolken er=
ſtreckt: zu uns komme, in unſere friedſamen
Wohnungen eile, du Arme, du Liebe — und er=
freut und getröſtet nach Begehr deines Herzens
wirſt du heimkehren in dein Vaterhaus. — Was
fühlte meine Seele nicht bei dieſer Verheißung!
Wie von Stimmen himmliſcher Engelſchaaren
glaubte im mich angeredet, die mir ſagten: folge,
folge dieſem Leitſtern, jetzt oder nimmer wirſt
du finden, was du ſuchſt. — Und gläubig und
entzückt einer heiligen Offenbarung, entgegnete
ich: ſo weiſe mir den Weg, der zur Wohnung
des Troſtes führt, und gern folge ich dir. . . .
Die Geſtalt deutete nach den Höhen von Neun=
kirchen — verſchwand hierauf, und nur unver=
ſtändliche Laute ſchwebten ihr nach. — Der
Tag brach an. In der folgenden Nacht hoffte
ich, das troſtverheißende Bergfrauchen noch ein=
mal zu ſehen. Mein Wunſch ging nicht in Er=
füllung. Nun war mein Waldgang beſchloſſen
und feſtgeſetzt für die günſtige nächſte Nacht, am
Vorabende Sankt Magdalenens. Welche Ueber=
windung es koſtete, dieſen Schritt zu thun, mut=

terseelen allein zu gehen durch die Finsterniß,
mögt ihr eurem armen Mädchen aufs Wort
glauben. Ich sah den Unwillen des Vaters,
hörte die besorgte Mutter, dem Gedächtnisse er=
neuete sich manch ernster Spruch aus der Groß=
elternzeit, aus meinem straßburger Betbüchlein
von den geheimen, nächtigen Wegen der Men=
schen, die nicht allezeit Wege wären der Vorse=
hung — von den Feuergeistern, die in schwarzen
Büschen, auf knorrigen Bäumen verderbenbrü=
tend lauschen und Elend bereiten den Wandelnden
auf der Bahn des Friedens. Lieber Gott, in
meinem Leben habe ich solche Seelenangst, sol=
chen Schrecken der Dunkelheit und Einsamkeit
nicht erfahren, solche Peinen nicht ausgestanden.
Doch Verlangen und Sehnsucht nach Heinrich,
dem jeder meiner Brustschläge gehörte, für den
kein Gang zu gefahrvoll, kein Opfer zu groß
gewesen wäre, überwog und überwand jede Be=
denklichkeit, jede Schreckung und Gefahr. Kein
Lüftchen, kein Blättchen wehte, das ich nicht
vernahm, kein Ton erwachte, der mich nicht
traf! je weiter ich kam, je größer meine Be=
sorgniß stieg, je mehr verwirrten sich meine

Begriffe; die Nacht, die seltsamen, ängstlichen
Waldstimmen, Walderscheinungen scheuchten mich
hierhin, rissen mich dorthin; der glühende Mond,
entsetzliche Grabgestalten — ach, was ich sah
und hörte, niemals werd' ich es vergessen. —
Als ich endlich die Höhen erstiegen hatte, stockte
mein Blut, die Sinne vergingen mir. — Und
wo fand ich mich wieder? Unter weiblichen Gestalten, umringt von Frauen, friedsamen Frauen,
welche riefen: »Willkommen, willkommen! liebe
Tochter der Erde, wir hofften auf dich, längst
haben wir dich erwartet. Nun bist du unser,
o gottwillkommen zu tausendmalen!« — Sanfte
Hände ergriffen mich, sanfte Arme führten mich
über goldschimmrige Stufen weiter und tiefer abwärts über große Strecken, grüne Matten.
Meine Augen waren geblendet von leuchtenden
Gegenständen, vom Glanz eines hohen Gebäu-
des, das vor mir lag, in das ich einkehrte über
schneeweiße Stufen, und in welchem ich, noch
immer umringt von tröstenden, zusprechenden
Frauen, auf weichen Kissen zu völliger Besin-
nung kam. — Eine der Frauen, deren Gesichtszüge und Stimme mir bekannt schien, gewann

bald mein ganzes Herz. Ich hielt sie für die
älteste, und sie unterschied sich auch von den an=
dern durch ihre alterthümliche Kleidung. Erhole
dich, sprach sie zu mir, und gieb uns kund,
was dich erfreut und was du dir wünschest. So
sprachen auch die übrigen Frauen mit wohlwol=
lendem Kopfneigen, die sich dann entfernten,
eine nach der andern. Die ehrwürdige Frau ver=
ließ mich nicht, sie sprach noch manch Seelen=
wort, beschrieb mir alles, was mich umgab, und
führte mich alsdann in dem großen Gebäude
umher. Wir gingen durch hohe Hallen, durch
Säle und Gemächer, an goldenen Wänden, fun=
kelnden Säulen und kostbaren, mit Kleinodien
beladenen Tafeln, an edlem Zimmerschmuck und
spiegelhellem Hausgerath vorüber, bei dessen An=
blick wohl kein Aug' und Herz wäre unbewegt
geblieben. Nachdem ich so viele Gemächer und
Gänge durchwandert hatte und voll Staunen
über nie gesehene Pracht und Herrlichkeit meiner
Führerin stumm gefolgt war, kamen wir in ein
kleines Zimmer, das, an Glanz den andern gleich,
sie zu dem meinigen bestimmte. Sieh umher,
sprach sie, betrachte den Inhalt dieses Zimmers,

wähle, gebrauche und genieße von deinem Ei=
genthum, was dir gefällt. — Ich sah mich al=
lein. Ein Tischlein von Cedernholz und Silber
war versehen mit weißen Schalen, in welchen
rothe Beeren, Trauben, Feigen, Melonen la=
gen; auf einem zweiten Tischlein befanden sich
Krystallgläser und Krüglein, gefüllt von duften=
dem Wein, Honig und Milch; vor einem beque=
men Ruhelager stand ein drittes Tischchen, das
von Ebenholz und Gold war, auf welchem leicht
verhüllt, Halsbänder, Ketten, Ringe, mit ent=
gegenblitzten. Daran stieß ein Bett, so schön
ich mir's nie gedacht, mit Kissen, mit Gedecken,
durchwirkt von weißen, blauen, rothen Krön=
chen und Goldknospen. Und wie erst erstaunte
ich, unter einem rosenrothen Schleier, den ich
aufhob, Kleidungsstücke, von allen Farben zu
finden, prächtiger, als sie einem Mädchen je
vorkommen mögen im schönsten Geträum. Ich
besah sie mir, nahm eins davon, zog es an und
kannte mich nicht mehr in den Spiegelwänden,
die mich umflimmerten von allen Seiten. Drau=
ßen vor dem Fenster lachte der Frühling aus
tausend Augen, schallten liebliche Vögelstimmchen,

und rothe Kirschen, Purpurpirschen, Mondkelche
und Glockenblüthen winkten mir, zu kommen.
Ich ging hinaus in den Frühling zu den Vogel=
stimmen und Blumen und schattigen Bäumen.
Welch ein großer und endloser Wundergarten
lag vor mir, wie schön waren die Werke des
Himmels! Wohin ich kam, berührte mein Fuß
den sammtnen Erdboden, Bäumchen, schlank
und lustig, und wieder gewältige Hocheichen
wuchsen hier; nirgends war ein krankes Bäum=
chen, Blümchen, nirgends ein Unkrautlein wahr=
zunehmen. Großmächtige Tulipane schwankten,
kleine, blaue Veielein nickten und dufteten, von
besonnten Berghöhen strömte es sanft und lieb
wie Harfenspiel. — Weiter fort ging ich, da
flogen heran die schönsten und seltsamsten Vögel,
bald himmelblaue, rothe, weiße, bald goldig=
gelbe, sangen süß und froh, und Hurr und Purr!
schwärmten alle wieder fort zum nahen, bunten
Balsamwald. — Nun kam Rothwild rudelweis
getrabt über ein Wieschen, hier ein Zehendner,
dort einer. Ein heller See schimmerte aus blü=
henden Kräutern und Bäumen; Bäume mit
schweren Früchten beugten sich nieder ins licht=

klare Gewässer, in welchem wunderbare Pflanzen
wuchsen, durch welche silberne Meerpfaffen und
stahlfarbige Stachelhechte eilten, anzusehen wie
Wild und Jägersmann, die durch den Hochwald
ziehn. Aus röthlichen Marmorfelsen sprangen
tausend Funkelperlen und fielen klingend in die
helle Fluth, auf welcher schwarze Seeschwalben
nach Spinnjungfern haschten und ihr weißen
Leibchen sich abkühlten; von kleinen Inselhäus-
chen aus Schilf kamen zu Paaren große Schwäne
mit Granatäpfeln und gelben Quitten in den
Schnäbeln zu mir geschifft, und feuerrothe Fischlein umschwammen schmeichelnd ihr schneeiges
Brustgefieder, schnellten sich auf den weißen Rücken und tauchten wieder in die See. Entlang
den Borden der Wellen blühten Seelilien, Lianen, Liebäugel, goldige Feen= und Nickerblumen —
zogen große Horn= und Muschelschnecken mit
scheckigen Spitzhäuschen und langen Rüsseln,
prächtige Kameelraupen, Raupen mit dicken Pel-
zen, wie vornehme Leute im Winter, andere mit
krummen Nachtwächterhörnern auf dem Rücken
strebten durch das niedrige Gesproß und Ge-
stämme, oder benagten zierlich ein Läubchen.

Aus den Hecken schlüpften grieselige Psittige, schossen sprenkelige Fasanen, Weißpfauen lockten und zergten sich, schlugen Flügelräder, jagten schnurrende Heuspringer, und weiß und rothe, blau und gelbe Papageien hingen an einem Bein, machten Purzelbäume in den Baumzacken und sahen mich an, ob ich mit ihnen sein wollte. — Am Himmel weideten Lämmchen, süße Lüfte wehten; wohin ich kam, wohin ich schaute, Alles sprach von der Liebe Gottes; ich lebte unter lauter Geheimnissen, lauter Wunderwerken, die mein Aug' und Herz beschäftigten und zu beruhigenden Betrachtungen führten. . . . . . Schöne Häuschen, bewachsen von rothem Moos, umgeben und beschattet von Schwarz= und Silberpappeln, Hollunder, Kreuzblatt, Felsenwurzel und Thurmkraut sah ich vor mir; alle waren verbunden mitsammen durch hohe Schwibbogen von Glas, und auf allen standen glänzende Fahnen. Ich ging auf das mittelste zu. Neben der Thüre ruhte eine Hirschkuh im Schatten eines Rosenstrauches und gab ihrem Rehkälbchen zu trinken; das kleine Thier kam zu mir, ich streichelte es, was es sich gefallen ließ.

Ich stieg eine Treppe hinauf und guckte von ei=
nem Rundgang hinunter in eine räumige Tiefe.
Viele Männer in braunen Röcken saßen darin
und arbeiteten emsig, jeder in einer besondern
Zelle. Einer der Männer stand vor einem gro=
ßen Buch mit dem Griffel in der Hand; an
seiner Seite standen große Bottiche, gefüllt mit
blinkenden Sachen. Es pickte und pochte, es mei=
ßelte und hämmerte, es raspelte und rollte, Frauen
gingen ab und zu, falteten und legten Gewebtes
und Gewundenes, Geraspeltes und Gerolltes in
säuberliche Kästchen und Truhen. Es wurde wenig
gesprochen, und das Wenige so, daß ich es nicht
verstehen konnte. Die Emsigkeit und Einigkeit
der Arbeitenden, die Schönheit und Gütigkeit
der Waaren gefielen mir: lang sah ich in das
Geschäftsgemach, und wäre gern hinabgegangen,
die schönen Dinge in der Nähe zu betrachten,
mit den Emsigen mich zu besprechen. Da schau=
ten einige in die Höhe, hielten ein Gemunkel.
Ich wollte mich entfernen und sah mich aufge=
halten von den Armen meiner freundlichen
Schloßherrin. Wir blickten zusammen hinunter,
da schwiegen die Männer und sahen voll Ehr=

furcht empor. Ohne Thätigkeit, sprach die lieb=
reiche Frau, kann Niemand bestehen; alle Men=
schen sind dazu bestimmt von der ewig thätigen
Natur, welche segnet der Hände Wirken. Fühlst
du Neigung zur Arbeitsamkeit, so soll auch dir
eine Beschäftigung zukommen, die deinen heitern
Sinn stärken und erhalten wird in jeglichem Un=
ternehmen. Das war's, was ich mir gewünscht,
was ich bisher gegen meine Freundin noch nicht
hatte ausgesprochen, und ihr könnt euch vorstel=
len, wie wohlgemuth und bereitwillig ich war,
nun recht thätig zu sein. Ich folgte ihr, wir
kamen ins Freie. Die Sonne schien. Wir setz=
ten uns unter das Schattendach eines großen
Baumes. Wie herrlich ist doch die Erde! rief
ich aus; sie giebt uns Frieden und Genuß: mir
ist so wohl, ich bin so glücklich. — Der Ur=
quell der Freude, der Gottheit Hand ruht über
uns gnadenreich, sprach die stille Mutter —
Wonne und Seligkeit werden mit uns sein im=
merdar, so wir getreulich bewahren die Reinheit
unsers Herzens, wie sie verliehen worden dem
Menschen von dem Himmlischen am Tage sei=
nes Werdens. — Das Sanfte, das Feierliche

im Ausdruck der Redenden ergriffen mich, ich achtete auf jedes Wort der Wahrheit, das von ihren Lippen floß. Waren ihre Gesichtszüge anfangs mir viel jugendlicher vorgekommen, so kamen sie mir jetzt bejahrt und greisig vor. Tiefe Furchen eines zurückgelegten hohen Alters lagen auf ihrer Stirne, ihren Wangen; ich nahm ihre Hand in die meine, sah ihr ins Auge und sprach: Du lebst wohl schon lange auf dieser Welt, gute Mutter? —

Lange, lange lebe ich auf dieser Erde, seufzte sie. Wir Alle leben schon seit langer Zeit. Zufrieden und glücklich ging unser Leben dahin, die Menschen aber waren hart und grausam, sie verdrängten uns aus unsern Rechten, verstießen uns aus unsern Heiligthümern — die Gottheit verstieß uns nicht, sie schied nicht von uns, ihres Himmels hohe Sonne, ihres Himmels ewigen Sterne stehen noch in alter Pracht über uns und dem Reich der reinen Seelen, in das sie uns eingeführt. Unsrer Geduld und Demuth, unserm Glauben, unsrer Thätigkeit verlieh sie der Güter Ueberfluß. Verschlossen ist uns nicht der Aufenthalt der Sterblichen; doch unschein=

bar nur in kleinster Menschenhülle — Tausenden
fremd und unsichtbar — betreten wir im beseli=
genden heiligen Dienst der Gottheit jene verlo=
rene Welt, zum Trost der Gebeugten, zur Hülfe
und Rettung der Leidenden.

Unter diesen Himmelsherrlichkeiten wohnt
sich gut, glückselig seid ihr, und kein Wunsch,
kein Verlangen lebt mehr in euch. —

Sie blickte zu den Wolken. Unser Sehnen
füllt die verlassne Welt. — Wiederkehr der alten
Zeit im Lichtstrome der Vergangenheit — himm=
lischen Frieden dereinst, ewigen Frieden.

Glaubst du, zu erlangen, wonach dein Seh=
nen geht?

Wir Alle glauben es, dieser Glauben giebt
uns Kraft.

Was stärkt und erhält euch diesen Glauben?

Das Auge der Seele, das gelitten hat, wel=
chem unverhüllt ist der Zukunft Dunkel. Auch
diese trostreiche Gnade verlieh uns der, der über
den Himmeln thront.

Vieles von dem, was mir jetzt kein Räthsel
mehr ist, war mir unverständlich, ich schwieg.
Liebe, Treue, Wohlwollen der Menschen, Sehn=

sucht nach dem heiligen ewigen Palmenlande bil=
deten den Stoff ihrer Gespräche, die meinem Her=
zen oft himmlische Befriedigung gewährten.

Als ich wieder in mein Zimmer kam, fand
ich hier ein goldnes Spinnrad mit dem feinsten
Wocken, an das ich mich sogleich setzte. Alles
ging nach Erwarten, mein Gespinnste schwoll
und mehrte sich unter meinen Händen von Tag
zu Tag zu einer Segensfülle, die mir selbst Er=
staunen entlockte, aber die Wahrheit des Aus=
spruchs meiner Hausfrau einleuchtend bewährte.
Allein war ich niemals; Schloßweibchen, der
Zahl nach gemeiniglich achtzehn, besuchten mich,
ich besuchte sie wieder in ihren Wohnungen, die
der meinigen glichen; wir spannen, scherzten und
lachten, und damit es mir nicht mangele an
Abwechselung brachten sie mir der Geräthe und
Arbeitszeuge noch Mehrerlei; ich lernte das We=
ben und Sticken in Gold= und Silberfäden, han=
birte mit Fortschritten, und die Stunden flogen.
Dabei blieb es aber nicht. Zuweilen folgte ich
den Frauen und Männern hinaus zur mühsamen
Feldarbeit, half ihnen Waizenkörner, Dinkel,
Linsen vereggen, Flachsknotten ausbreiten in

der Sonne und Honigwaben aufnehmen. Meine
Theilnahme, so gering sie war, wurde unver=
dient belohnt: die Schloßmänner schenkten mir
prächtige Zahlperlen, gaben mir Goldreischen,
verziert mit Inschrift, mit hübschen Gestalten
aus der Urwelt; und wenn der Tag sich neigte,
zogen wir durch den angenehmen Tann, durch
leichtes Buschwerk, das voll wunderbarer Licht=
chen funkelte, über anmuthige Wiesen mit tau=
send und tausend Blumen, die der Himmels=
mond in helle Sterne verwandelt. Liebliche
Stille herrschte. Sanft schliefen in den Gebü=
schen die Vögelein, die am Tag den Schöpfer
gelobt, schöne Falter hingen ruhend an Blumen=
kelchen. Hier und da summte noch ein Bien=
chen, welches zu lang verweilt im Blumenfeld,
hie und da hujakte ein Käfer brummend durch
die Mondstrahlen, als hätte er noch lange Zeit
zum Schlafen. — Wenn die Männer mir er=
zählten aus der alten Welt, von den Riesen, mit
denen sie gekämpft auf Tod und Leben in den
steilen Felsenbergen, im stillen Thalgrund, wo
ihr Blut geströmt in Bächlein schwarz und roth,
hörte ich ihnen gern zu, und wurde mir bang=

lich, reichten sie mir die Hände, sagten, ich
sollte keine Furcht tragen, sie hätten mich lieb.
Und daß es wahr war, was sie sagten, konnte
ich glauben, denn gar oft erfreuten sie mein
Herz mit Geschenken, kamen, wenn ich ihnen
rief, schnell, wie aus der Erde gestiegen, waren so liebreich, und wenn die Tafelstunde
die Schloßbewohner versammelte zum Mahl, das
aus den feinsten und kostbarsten Gerichten bestand, welche von den Männern mit einer Eil-
fertigkeit aufgetragen wurden, die ich ihrem Alter nicht zutraute, sahen sie mich immer mit den
freundlichsten Guckaugen an, als gönnten sie
mir meine Freude recht aus Herzensgrund. Sie,
nicht die Frauen, trugen das Tafelgeschirr wieder ab, hoben die übriggebliebenen und abgefal-
lenen Bröslein vom Boden auf, damit nicht
zukomme, was der Herr gegeben. Und so gab
es nur Freude im schönen weiten Reich, nirgend
Trübsal, Zwist, nirgend Arme oder Leidende.
Wer sich für die Glücklichste hielt, die kein Herz-
begehren mehr kannte, werdet ihr euch denken
können. Wie hätte ich für diese Liebe nicht
dankbar sein und mir nicht verdienen sollen der

guten Menschen Zufriedenheit. Ach, und doch
fehlte ich einmal; ich bereute mein Vergehen,
da es zu spät war. An einem Tag nämlich
waltete in und außer dem Schloß tiefe Stille
und Ruhe, wie bei uns, wenn die Kirchenglo-
cken des heiligen Sabbaths rufen zum andächti-
gen Gebet. Kein Hammer ging, kein Rädchen
und Goldmeißel, keine Rolle regte sich. Noch
ehe der Tag dämmerte, schallten drei dumpfe,
mächtig schmetternde Schläge, welchen Gesang
folgte. Dieser Gesang aber, der aus Jung-
frauen- und Kinderstimmen bestand, von Har-
fen, silbernen Posaunen, Lauten, Zimbeln, Flöten begleitet war und über alles ging, was ich
noch gehört in meinem Leben, war zugleich
so fromm und herzdurchdringend, daß ich aufs
tiefste mich davon ergriffen und zu Thränen hingerissen fühlte. Was der Gesang angab, sagte
mir wohl das ahnende Herz; doch gewiß es zu
wissen, dies beunruhigte und bewegte mich, so
oft der stille Gesangtag wiederkehrte, zu dem
heftigsten Verlangen, Gewißheit meiner Vermu-
thung zu gewinnen. Eines Morgens, da die
dumpfen Dreischläge mich wieder erweckten und

der Engelgesang anhub, stand ich auf und ging
durch die lange Reihe der Gemächer, die an
mein Zimmer stießen, und kam bald dem Ort
näher, allwo ich auf Befriedigung meiner Neu=
gier zählen durfte. Noch einmal, nur schwächer
erwachten einzelne Laute. Nun war es still.
Ein geheimes und wunderbares Regen und Be=
wegen außerhalb der Thüre, an der ich auf der
Horche stand, ängstigte mich nicht, es trug viel=
mehr dazu bei, daß ich begieriger auf die Klinke
drückte und durch die enge Spalte schaute. Ich
sah in weite, weite Tempelhallen; sah mehr,
als das Auge zu fassen vermochte. Der große
Raum war erfüllt von unzähligen, mir gänzlich
unbekannten Menschen, welche theils mit gefal=
teten Händen auf den Knieen lagen, theils ste=
hend emporblickten nach dem Standbild einer
Frauengestalt, das in der Mitte der Versam=
melten unter einem breiten starken Baum, den
wir Drudeneiche nennen, sich befand. Ein wei=
ßer Schleier hüllte das Bild, aber der Schleier
war so leicht, daß ich die edlen Gesichtszüge
darunter deutlich erkennen konnte. Zu beiden
Seiten des Bildes standen Hollerbäumchen, un=

ter welchen geduldige Lämmer auf Blumenbett=
lein ruhten; hinter der Gestalt sahen hervor ein
goldner Altar, hohe Marmorbilder, Kreuze,
Urnen, allesammt behangen mit prächtigen Krän=
zen. Wohlgerüche wallten. Das Licht, welches
schien, war hochhell, wie der Tag, zeigte alle
Gegenstände, die Schleiergestalt, den Altar, die
Urnen, Kreuze, die kahlen Häupter der Verein=
ten. Eine Viertelstunde mochte vergangen sein,
als, wie anfangs, die drei dumpfen Schläge sich
wiederholten, die aber jetzt, so ganz in meiner
Nähe, meine Seele mit Beben erfüllten und
mich daran mahnten, diesen Ort wieder zu ver=
lassen. Auf einmal wurde es finster, ein hefti=
ger Wind, begleitet vom Donnerrollen, strich
durch die Gemächer, durch welche ich gekommen,
mit fürchterlichem Prasseln, schlug die Thür in
ihre Fugen; unsichtbare Hände hielten mich, ich
riß mich los, floh, erreichte mein Zimmer und
sank zu Boden. — Wie lang ich ohnmächtig ge=
wesen, weiß ich nicht. Die Sonne war aufge=
gangen, ich erwachte und würde, was mir be=
gegnet, nicht für wahr gehalten haben, hätte
das Auge meiner geliebten Schloßfrau, das ernst

und niedergeschlagen auf mir ruhte, mich nicht
eines andern belehrt. Mein Herz schlug heftig,
doch kein Zug von Bitterkeit lag in ihrem Blick;
gewiß nicht. Sie ließ sich neben mir nieder und
strich mir das Haar, das wohl in recht ver=
wirrtem Zustand mag gewesen sein, von der
Stirne. Ich weiß, sprach sie, was du dir er=
laubt, deine Reue jedoch versöhnt mich wieder
mit dir, und ich bin gewiß, du wirst, was du
gethan aus Unbedacht, um deines Heils willen
nicht zum zweitenmal versuchen. Ich glühte
vor Scham, faßte schweigend ihre Hand und
starrte auf die Decke meines Lagers. Da lag
der Verräther sichtbar vor mir in der Locke mei=
nes eigenen Haupthaars, die der Schlag der
Thür mir mußte entrissen haben. Wie war sie
dahin gekommen? ach diese Locke; ich wollte sie
vernichten, hielt sie in die Flamme eines Lich=
tes, und eine schwarze Blume mit zitternden
Fasern lag in meiner Hand. Voll Entsetzen
warf ich sie von mir und eilte aus dem Zimmer.
Die höchste Unruhe bemeisterte sich meiner; ich
suchte die verschwundene Wohlthäterin, bis ich
sie fand; unsere Blicke verstanden sich, jetzt war

ich ihrer Vergebung gewiß. Aber meine Ruhe
sollte nicht von Dauer sein. — Als ich wieder
einmal erweckt wurde durch das laute Zeichen,
das dem Tag der Feier voranging, kleidete ich
mich an und ging hinaus in den erwachenden,
frischen Morgen. Ich weiß nicht, was es war,
ein ungewöhnliches, nie empfundenes Gefühl bewegte mich — ein Verlangen, ein Erwarten
durchströmte mich und trieb mich fort, ich wollte
allein sein, von Niemandem begleitet, von Niemandem beobachtet, wollte diesen Morgen still verbringen, beten, an Gott denken und ihm danken für
das, was er mir gegeben. Keinen andern Gedanken
gab es für mich, und als müßte ich, um recht allein zu sein, den Umgebungen des Schlosses, den
Himmelstönen fern sein, die mein Herz noch immer zu vernehmen glaubte, eilte ich, flog ich über
die blumigen Ebenen, über die morgenrothen
Hügel und Anhöhen, und je weiter ich kam, je
wohler und leichter mir wurde, je mehr stieg
mein Eifer, weiter und weiter zu eilen; und so
sah ich mich auf einmal in einer fremden Gegend, die mir auf meinen vielfältigen Wande-
rungen durch das goldne Gefilde gänzlich unbe-

kannt geblieben, wie festgehalten. Wald und
Berg, die hohen Felsenthürme, der Wiesgrund,
Näheres, Entferntes, alles war mir fremd und
doch wieder so wohlthuend befreundet, wie Et=
was, das wie im Traum geschehen, liebgewon=
nen. Und um des beseligenden Anblicks recht
theilhaft zu werden, setzte ich mich unter einen
prächtigen Baum und sah mit immer größerer
Freude vor mich hinaus in die schöne Landschaft,
die sich vor mir zu erweitern und zu verherrli=
chen schien. Rund umher standen die Eiche,
Ulme, Rothbuche, Espenbaum, der seine Kätz=
chen in die Luft steigen ließ; auf fetter Wiese
graßten weiße Kühe mit glänzendem Gehörn,
mit vollen Milchmämsen; Weidelämmchen spran=
gen aus den Büschen, der Alphirt blies; auf
allen Gebüschen wiegten sich frohe Sommervö=
gel, die Amsel, der Tannenfink, die Nonnen=
meise flatterten, die Lerche sang, im nahen Bir=
kenlaub saßen ein Paar Täubchen beisammen,
die sich lieb hatten, und seitwärts am Ufer eines
Bächleins, auf welchem weiße Schaumschiffchen
schwammen, stand der langbeinige Reiher. —
Nun plumpte ein reifer Apfel in meinen Schoß,

244
</

aus den nahen Bäumen fielen Quetschen und
Spillinge. Ich saß, ich horchte, blickte, fühlte
mich so froh, so glücklich und vergoß Thränen
der Freude. Jetzt wurde es stiller — immer stiller. . . . Noch hört ich das Sägen der Wiesenheimchen, das Flüstern des Baches . . . . Nun
war alles still. — Aber nun war mir, als
hört ich Menschenstimmen, als wurde mir gerufen von bekannten hellen Stimmen; und meine
Blicke eilten durch den Umkreis und hinaus nach
den blauen Fernen. Ich glaubte etwas Langentbehrtes, Geliebtes, Theures, für das ich keinen
Namen hatte, wiederzufinden, dem ich nur entgegen zu eilen brauchte, um es zu erreichen und
mein zu heißen; und sprang empor und da ich
auf die Wiese kam, fand ich sie einsam und verlassen von allem Gethier; weit und breit war
kein Vogel mehr zu sehen und zu hören; das
ängstigte mich; ich stürzte fort, den Berg hinan
den schon das Auge der lieben Sonne berührte,
den Berg hinab, von einem Thal, einem Wäldchen zum andern, nichts hielt mich zurück, nichts
hemmte meine fliegende suchende Seele; ich
horchte, hoffte zu finden das Heißverlangte, ein

Wesen, das bei mir sein und stillen möge mein
ungestümes Herz. Wo bin ich? Wohin bin ich
gekommen? Wo finde ich die, deren Ruf in meiner Seele wieder klang? Niemand kam, Niemand antwortete mir, nichts lebte, nichts
regte sich in der grabstillen Natur. Da flüsterten die Blätter der Bäume, da drangen
Klänge in mein Ohr, lauter und lauter — und
wieder erhob sich vom Hochwald her das Alp-
horn und rief und klagte in Tönen, ach, in Tönen, die mein Herz zerrissen — ich sank auf
meine Knie, dunkle Schatten und Todesnacht
umgaben mich — aber die Stimmen vergingen
nicht, doch des Alphorns Laute wurden friedsa-
mer und milder und beruhigten mich. Und in
diesem Gefühle der Ruhe sah ich auf lichten Höhen schimmern die Berge, den Buchenwald, das
theure Band meiner Heimath — abermals und
wiederum erhellt, golderhellt, wie von himmlischem Wetterleuchten, das in dunkler Nacht eine
ferne Gegend uns wiedersehen läßt — und ich
erkannte unsere Wohnung, unser Haus, sah den
Vater, sah die Mutter — ach, ich hatte keinen
andern Laut in dem beklemmten Herzen, als

beiten, deinen Namen, Mutter, und ich rief
ihn aus in der Angst eines verlassenen Kindes,
das nur Ruhe findet an der warmen Brust der
Mutter, daß du kommen und bei mir sein mö=
gest, meine liebste Mutter. — — — Sanfte
Hände hoben mich aus dem thauigen Grasbo=
den, auf welchem ich lag, und die Hand mei=
ner edlen Freundin ruhte auf mir. — Du hast
Thränen im Auge, bist von Leid betroffen, re=
dete sie zu mir, habe ich jemals dich betrübt
und meine Theilnahme dir entzogen? Nenne
mir deinen Kummer, und du sollst davon be=
freit werden. Ich hatte mich erholt und aufge=
richtet. — So sage, erkläre mir, rief ich aus
und schlang meine Arme um ihren Hals, was
ich gesehen und erfahren habe — was ist es für
ein Land, das hinter jenen dämmernden Bergen
ruht? Ach, es muß ein geliebtes Land, es muß
das Land meiner Kindheit sein! Und ich lebe
hier in einem fernen Erdreiche, das nicht mein
Heimathsland ist! — O laß mich dahin gehen,
laß mich wiedersehen jene Gegenden — nur ein=
mal dahin gelangen, wohin es mich mit gren=
zenloser Sehnsucht zieht! . . . . Sie sah mich
11*

an und zog mich zu sich. Fasse dich, beruhige
dich, o liebe Tochter der Erde, sprach sie zu mir,
du wirst heimkehren zu den Deinen, zu dem Geliebten und himmlische Wonne wird der Lohn deiner Treue sein. — Denkt euch meine Empfindungen,
meinen heißen Dank für eine solche Zusage. An der
Hand der Theuren fand ich mich wieder in einem
hohen Saale, der jetzt wie durch ein Zeichen sich
füllte mit Männern und mit Frauen, welche niedergeschlagen und wehmüthig alle der Scheidenden
nahten, um mir den letzten Gruß und ein Geschenk zu bringen, das ich aufbewahren und
künftig ihrer gedenken sollte. In ihren beseelten
Blicken, dem treuherzigen Händegeben, die Männer in ihren kahlen Häuptern, die Weiber mit
feuchten Augen, sahen sie so gut, so ehrbar
aus, daß ich nicht ohne die größte Rührung mich
von ihnen losreißen konnte. Nachdem alle hin-
weggegangen, nahm die hohe ernste Frau meine
Hände, ermahnte mich zu schweigen und geheim
zu halten im tiefsten Herzensgrund, was ich er-
lebt und erfahren vor Allen, die mir nicht zugethan in reiner, bewährter Gesinnung; daß ich
fernerhin sollte ehren und lieben die Gottheit

und Arme und Nothleidende nicht vergessen. Einst werden auch wir wieder Erkenntniß finden und Glauben unter den Erdbewohnern und zurückkehren zu den verlaßnen Hainen, zu den versunkenen Hallen und Gräbern der alten Heimath. — — Diese Worte vernahm ich noch deutlich unter dem lautern Schalle freudiger Flöten und Harfenklänge. . . . . Nacht und feuchtes Gestein umgaben mich, als meine Augen sich öffneten, und mir sagten, wo ich mich befand. Es war der Weibchenstein des Berges, vor dem ich lag, und schnell erhob ich mich und trat den Heimweg an. Sie hatte wahr gesagt, die edelmüthige Beschützerin: in himmlischer Freude ging das Herz mir auf zu einem neuen Leben, ich fand ihn, um den ich gelitten, um den ich ausgezogen. — Und was hätte ich nun noch zu suchen, zu fürchten, zu wünschen, da der liebste meiner Wünsche in Erfüllung gegangen ist.

Wunderbar sind die Fügungen des Ewigen, sprach Herr Walter; den guten Nachbarn aber, als den wahren Schutzgeistern unseres Hauses, mit denen wir allzeit es redlich gehalten haben, wollen wir auch hinfüro gewogen bleiben.

Erkennt, was euch heilsam war, sagte die Base: eure Treue hat die Versuchung bestanden, wie Gold in der Gluth.

Ein leises Rauschen, das schon einmal hörbar geworden, machte sich abermals vernehmlich. — Eine weiße Gestalt, über deren Haupt der aufgehende Mond wie eine feurige Krone glänzte, stand draußen und schaute bewegungslos durch das offene Fenster . . . . doch ehe noch die Versammelten sich emporgerichtet, entfernte die Erscheinung sich wieder und zerfloß in einen Schimmer, der die nächsten Gebüsche noch sanft erhellte. Aller Augen folgten der Lichtgestalt. Magdalene sah mit gefalteten Händen ihr nach.

Da klopfte und drängte es heftig an der Thüre. Alle fuhren zusammen. Kurt trat herein.

Wißt ihr, wißt ihr's schon? — fragte der alte Weidmann geheimnißvoll, indem er das Feuerrohr von der Schulter nahm und sein wildschnaubendes Windspiel zu bändigen suchte. — Grauenhaft, ist's, an der lautlosen Felsenmühle vorbeizugehn: die Müllerin, die man in verwichener Nacht mit fliegendem Haar auf schäu-

mendem Roß unter mächtigen Gesellen durchs
Gehege hat ellen sehen, ist erdrosselt gefunden
worden im Mühlbach, und unsere Landplage,
der rübe Rodensteiner, gefallen im Kampf mit
seinen Feinden. Von ihm, nicht von ihr, vermag ich euch Bericht zu geben. Erschlagen
sammt ihrem Säuglinge hat der Rasende die
eigne Gattin, die ihm abgerathen mit sanfter
Bitte von einem ungerechten Streit, den er ge-
stiftet, der ihm und dem Hause ewige Vernich-
tung bringen müsse. Sterbend hat die Unglückliche ihm nachgerufen, des Himmels Strafe
werde nicht ausbleiben für das, was er voll-
bracht an ihr und ihrem armen Söhnlein, und
nicht Ruhe werde er finden auf seinem letzten
Lager. Darauf ist er entflohen und gesunken.
Niemand hat den Stahl des Rächers gesehen;
er hat nicht leben, hat nicht sterben können;
und da sie endlich ihn heimgeführt gen Schnel-
lersburg zur ritterlichen Bestattung, ist die alte
Todtenglocke gesprungen im ersten Geläut, und
hat durch gräßliches Getön aus einander gesprengt
das entsetzte, fliehende Leichengefolge — und

schon in der folgenden Nacht unter schauervollen Glockenschlägen sah das Volk schreiten durch den Burgwald den Geist des Ritters. — —

Des Herrn Gnade komme über die Seele des Armen! rief Marthe aus.

Wenn der höchste Richter naht, sprach Benedicte, verstummt das Wort, und milder und des Hasses ledig klopft die Menschenbrust für die Gefallenen, deren Thaten nun die Sage von Jahrhundert zu Jahrhundert trägt. Doch hinweg mit diesen Greuelbildern! Laßt uns die Blicke der Freude wieder zuwenden, die uns hier in so wunderbarer Glanzesfülle begegnet, und ihr alter, greiser Meister Kurt, bleibt bei uns und nehmt freudig Theil daran. Gebt mir eine Hand, wir haben uns lange nicht gesehen.

In wenigen Tagen waren Lenchen und Heinrich mit einander verbunden und zum sonnigen Hochzeitsfeste eingeladen die liebsten Genossen der Nachbarschaft. Der Freuden und Ergötzen gab es die Hülle und Fülle, Tische und Tafeln ächzten unter der Last lachender und lockender Gerichte, deren feine kunstvolle Zuberei-

tung die staunende, genießende Festtagsmenge
nicht genug preisen konnte; während Unterrich-
tete mit stillem Dankgefühl des reichen Inhalts
jenes geheimgehaltenen Bündelchens gedachten,
den die »guten Nachbarn« der schönen Braut
als Angebinde zur Verherrlichung ihrer hochzeit-
lichen Lust, wie zur Bereicherung ihres künftigen
Hausstandes mit auf den Weg gegeben hatten;
Andere aber, unter ihnen die alte Sanna, welche
in höchster Glückseligkeit jetzt schon in »Abrahams
Schoß« zu sitzen wähnte, bei hellem Becherge-
klirr gar lustig und lautig zur Erinnerung brachten die abgezüchtigten Burgritter und die be-
strafte falsche Frau im düstern Mühlthal, deren
Namen Niemand ohne Abscheu aussprechen
konnte. — Als man am Abend unter der duftenden Gartenlinde tanzte, sprang plötzlich ein
Bewaffneter aus einem Busch auf Magdalenen
zu und schloß sie in die Arme. Es war ihr
Bruder Friedrich, ein geschickter Maler, der un-
verhofft heimkehrte aus welschem Lande. Ihn
begleitete die vormalige Gespielin Annbort. Und
dieses beglückende, allbeseelende Ereigniß erhob

den festlichen Tag zum schönsten, der je gesehen, und gefeiert worden in diesem herrlichen Wald-thale.

*   *   *

Wer den Odenwald besucht, und den Weg zur »Freiheit«, einem kleinen Gut, hinauf nach Neunkirchen geht, findet dort den Weibchenstein, und kann von alten Frauen und jungen Fräu-lein sich bestätigen lassen, wie die Erdmännchen und Erdweibchen, die in der Bergtiefe gewohnt, ja noch jetzt wohnen sollen, zu gewissen Tagen im Jahr die Leute heimgesucht in den umliegen-den Oertern, und wie in den Häusern, in wel-chen sie eingekehrt, niemals Mangel gewesen an Glück und Segen.

Der Burgherr.

Im Alterthume lebten auf zweien der schönsten einander sich gegenüberliegenden Gauburgen — als solche bezeichnet eine Sage die nachherigen Felsenschlösser des mächtigen Herrscherstammes der Hohenstaufen im Schwabenlande — zwei Ritter in jugendlicher Schönheit und männlicher Kraft. Verbunden durch die Bande des Bluts, von frühster Kindheit an zusammen lebend, in unwandelbarer Treue sich zugethan, geliebt von den Guten, gefürchtet von den Bösen, zogen sie nebeneinander aus zu Feld unter dem Banner des, die Welt mit seinen Großthaten erfüllenden Kaisers Karl, kämpften ritterlich in blutigen Schlachten, pflegten einer des andern Wunden und kehrten nach erfolgter Waffenruhe, empfangen wie siegreiche Fürsten von hellen Drommeten = und Zimbelnklang zum heimischen Herd, wo sie nie versäumten, Recht und Wie=

berkeit zu üben und den frommen Pilger wie
den Bettelmann als Bruder gastfrei aufzuneh=
men in ihren Mauern. Da die Burgen kein
großer Raum von einander schied, so verging
fast kein Tag, an welchem sie sich nicht sahen,
und da ihre gegenseitigen Gefühle und Bestre=
bungen in so lauterm und schönen Einklang
standen, so schlossen sie endlich in froher Stunde
einen feierlichen Bund, nach welchem sie sich
nicht mehr trennen wollten auf dieser Erde; der
auch, welcher zuerst scheiden werde aus diesem
Lebensthal, den andern heimsuchen und ihm
Kunde bringen sollte aus jenen sternenweiten
Gefilden der Ewigkeit.

So waren Jahre verflossen, und in Ein=
tracht und Zufriedenheit, in stiller Hausesheim=
lichkeit unter ernsten und heitern Betrachtungen
auf ihren Burgen zubringend, hatten die brü=
derlichen Freunde beglückendere Lebensgenüsse
gefunden, als ihnen das Getümmel des vielbe=
wegten Welttreibens würde gewährt haben.

Da sprach eines Tages Ritter Heimer zu
seinem Freunde: Liebster Horamund, es sind
bereits viele Monde abgelaufen seit dem letzten

Waffenfest. Die Reihe kommt nun auch an
mich, wo ich, wie du weißt, in Folge meines
Zugelöbnisses verheißen habe, unsern Vettern
und Kriegsgefährten ein fröhliches Fest zu geben.
Denke ich dabei der Mühen und Beschwerden,
die ein solcher Tag mit sich bringt, so will mir
schier unmöglich scheinen, solche allein zu tragen.
Ich bitte dich daher um deine betheiligende Mit-
hülfe, und indem du mir diese zusagst und das
Wartamt eines Gasthalters übernimmst, reichen
hoffentlich unsre vereinten Kräfte hin, den Vettern einen angenehmen Mahltag zu bereiten. —
Lieber Freund, entgegnete der Ritter, wie magst
du bitten in einer Sache, die sich wohl von selbst
versteht, zu der ich gern und freudig dir die
Hände biete. Naht die Zeit, wo ein gleiches
Gastmahl auf meiner Burg wird stattfinden, wirst
du auch deine Beihülfe mir gewißlich nicht versagen. Lächelnd versprach dieses Heimer mit
Wort und Handschlag. Allein noch ehe das an-
gesetzte Ritterfest erschien, langte ein Eilbote
auf Heimersburg an mit der trüben Meldung,
Ritter Horamund sei so eben, fröhlich jagend
im benachbarten Horst, von seinem Rosse in die

Arme des unerbittlichen Todes gesunken. Hei=
mers Schrecken, ob dieser Meldschaft war sehr
groß; augenblicklich verließ er die Burg, flog in
den Wald, erreichte den sterbenden Ritter, der
noch einmal das brechende Auge aufschlug und
ihm freundlich dankte für die Liebe, die er ihm
erwiesen immerdar bis zum letzten Lebenshauch.
Nun beugte Heimer sich auf das getreue, schöne,
todtenweiße Angesicht des theuren Freundes, be=
netzte es mit tausend Thränen, folgte seinem
feierlichen Leichenbegräbniß und vergaß ihn nie=
mals.

Doch nur in größter Betrübniß gingen Rit=
ter Heimer die Tage hin. Seine Freude war
versiegt wie ein trocknes Brünnchen; und wenn
er hinauszog ins Kampffeld, wenn er heim=
kehrte zur stillen Felsenburg, so schien ihm all=
zeit, als stehe die Schattengestalt des Freundes
an seiner Seite.

Nachdem nun ein leidenschweres Jahr ver=
gangen war, konnte der Burgherr von Heimers=
burg es nicht länger mehr anstehen lassen, das
versprochene Mahl auf seiner Burg zu veran=
stalten. — Der Festtag kam. Der große Schloß=

saal mehrte sich mit Freunden und Fremden aller Fahnen und Farben deutscher Gauen, und
bei klirrenden Humpen, bei dampfenden vollen
Schüsseln und frohem Saitenklang stieg die Lach-
und Lebelust aus den Reihen der abendtafelnden
Zechbrüder und Pilgermänner wild empor, wie
die Lohe eines schrankenfreien Freudenfeuers.
Nur Heimer, der edle Burgherr, konnte die Heiterkeit nicht wiederfinden und im freudebewegten
Tafelverein war er der einzige Ernstgestimmte,
den kein Gefährte seinem Tiefsinne zu entreißen
vermochte. Versunken in Erinnerungen an den
theuren Genossen, saß er, benagt vom schwersten
Herzweh, am Ende der Tafel, dachte wie er
von ihm geliebt worden, wie er ihn habe wieder
geliebt und wie es nun vergangen und niemals
könne wiederkehren dieses schöne Lebensglück. . . .
Die dunkle Nacht schaute durch die Bogenfenster
in den Rittersaal; ihm dünkte, als erwachten
drunten im Burgzwinger Grabesgesänge, wie
damals, als sein Freund zur Ruhe gebracht
worden; Glockentöne summten und die weltalten
Steineichen des Berges rauschten in feiervoller
Weise. So war die Mitternacht gekommen.

Unvermerkt that sich eine Nebenthür des Saa-
les auf, und Horamund, der Freund, in ritter-
licher Kleidung, trat herein.

Heimer hatte sich emporgerichtet. — Willkommen, redete er ihn an, willkommen zu diesem Mahl, du liebster aller meiner Gäste! —

Der Todte reichte ihm die Hand, seine
Lippen bewegten sich ein wenig, da er sprach
mit hohlem Laut: Aus Gnade des höchsten
Himmels erscheine ich vor dir, zu lösen mein
Wort, das ich dir gegeben habe. ....

Du kommst aus dem Reich des unvergäng-
lichen Lebens. — so sage mir, wie es dir geht
und ob du glücklich bist. —

Der Todte entgegnete: Glücklich, o glücklich leb' ich über die Maßen — ich bin da,
wo die guten und bösen Werke der Menschen
gewogen werden von Gott und seinen Heiligen,
wo die, welche lebten auf Erden in Armuth
und niedrer Knechtschaft, erhöht stehen im goldenen Licht. .... Erfüllt ist meine Zusage —
thue ein gleiches, besuche auch mich auf den
Sonnenhöhen meiner himmlischen Burg. ....

Ein Schauer ergriff den Ritter. — Wie

mag in Erfüllung gehen dein Verlangen? versetzte er. Du gehörst dieser Erde nicht mehr an. —
Wohin soll ich mich wenden, welchen Pfad soll
ich nehmen, zu finden die Höhen deines himmlischen Aufenthalts?

Da sprach der Todte: Ehe daß kommt der
dritte Morgen, wird erscheinen vor dieser Burg-
pforte ein weißes Roß, folge seiner Führung,
und du wirst zu meiner Burg gelangen. — Leb'
wohl! zerronnen ist die Zeit, ich darf nicht länger weilen. . . . .

Ein leises Flüstern, wie wenn zwei Wald-
bächlein friedlich sich vereinen, begleitete die letzten Worte des verschwindenden Geistes, dessen
Erscheinung neben der eines Engels, der bei ungewöhnlicher Lautlosigkeit mit sanftem Flügel-
schlag durch den Saal schwebte, Niemand von
den Gästen wahrgenommen hatte. —

Der Morgen des dritten Tages kam. Und
vor dem Thore der Heimersburg hielt ein Roß
von wunderbarer Schönheit. Blendend weiß,
der zarte Hals von langen Mähnen umwallt,
war sein schlanker Gliederbau so fein, als ob
ihn nie betroffen ein rauhes Lüftchen; die gol-

denen Hufen seiner Füße waren so rein und
schimmernd, als ob sie den Erdboden noch nicht
berührt hätten, und Zügelband und Sattelzeug
blitzten von Lichtjuwelen und Glanzperlen, wie
die Sterne des funkelnden Nachthimmels. Mit
großem Trauauge blickte das schöne Thier den
Ritter an, und zwei vor ihm haltende, schnee=
weiße Windspiele, zart gegliedert, wie junge
Waldrehlein, senkten gutmüthig das Haupt ein
wenig zur Seite, als harrten sie des Winks
des Gebieters, der alsbald auf das scharrende
und froh wiehernde Roß sich schwang, das so=
gleich mit den Windspielen sich in Bewegung
setzte. Scheidend unter den Segenswünschen sei=
ner getreuen Hausgenossen und Knappen, ein
baldiges freudiges Wiederkehren verheißend, ver=
ließ der Ritter die Burg.

Noch nicht fern war Heimer, als des Ros=
ses Trab in einen pfeilschnellen Flug überging,
der mit einem mal Burg und Burggebiet seinen
Augen entrückte. Die weißen Hunde an der
Spitze, schwebte der Zug vorbei an steilen Ber=
gen, dunkeln Wäldern, Schlössern, Weilern,
schillernden Seen, durch sonnige Ebenen, durch

nebelige Schluchten. . . . Tiefe Finsterniß verschleierte nun die Erde, der rothe Mond stieg empor am Himmel. Leise, daß auch keine Muskel seines Leibes regbar wurde, eilte das Roß durch schweigende Waldwildnisse, Dorfschaften, wolkenhohe Schneefelsen, stille Städte — vorüber, jetzt an hohen Tempeln, Kirchenfenstern, offnen fürstlichen Todtengrüften mit schlafenden Königen, deren Juwelenkronen im Mondstrahl schimmerten, an grünen Matten, schäumenden Wasserwogen, flatternden und rauschenden Seevögeln und Meerthieren — vorüber an einsamen Friedhöfen, auf welchen weiße Leichengestalten wandelten. . . .

Die Nacht entschwand. Langsamer gingen die Windhunde, ruhiger schritt der Fuß des Rosses, und ein Gefilde, von unaussprechlicher Pracht und Herrlichkeit erschloß sich dem schauenden, staunenden Reitersmann. Ein wundervolles Thal zeigte sich seinem Auge, in welchem Palmen, Mandelbäume, hohe Cedern, Oliven- und Oelbäume standen und flammende Lorbeerrosen, dunkele Maulbeeren, laubige Feigen, traubenbeladene Rebenstöcke; von fernen, sanft gerun-

beten, grünen Hügeln, bedeckt von hohen Lotos=
bäumen und zarten Zypressen, kamen silbergefie=
tigte Turteltauben, die sich niederließen auf den
Zweigen glänzender Mirthen, horchend der froh=
lockenden Vögel, die auf blühenden Stauden=
wipfeln süße Lieder sangen; und auf goldgrünem
Erdenteppich, geschmückt mit den Früchten des
Korallen = und Apfelsinenbaums, mit Datteln
und Kokosnüffen, glühten Basilien, Ysop, große
Schlüffelblumen, Myrrhen und Terebinthen und
mischten ihre herzerfreuenden Wohlgerüche mit
dem Duft der hohen Lilien, welche emporblick=
ten zum Wolkenhimmel, der tief gesenkt ruhte
über dem heiligen Land, und Hügeln und Thale,
Blumen und mild wallende, veilchenblaue Hü=
gelflüßchen sanft färbte mit dem Purpur eines
gottverkündenden Morgenlichts. — Von seli=
gen Ahnungen und unendlicher Freude und Liebe
erfüllt, schaute und lauschte der Ritter; denn
auf besonnten Höhen zeigte sich ihm, strahlend
gleich einem Lichtmeere, eine Burg von edlem
Gestein, deren diamantne Pforten sich jetzt von
einander löften und eine Gestalt im weißen Ge=

wande sichtbar machten, die er alsbald erkannte
und der er sehnsuchtsvoll entgegen eilte.

Willkommen in dieser Burg, sprach der Be=
wohner der himmlischen Sonnenhöhen.

Heimer vergoß Freudenthränen an der Brust
des theuren Freundes und war unfähig, seine
Empfindungen auszudrücken und zu sagen, wie
er nun erlangt habe Alles, was sein Trauerherz
begehrt vom höchsten Himmel. — Horamund
führte hierauf den Gast nach einem großen Saal,
der von Engelsgesang und Harfenspiel belebt
war, lieblicher, als auf Erden eines Menschen
Ohr jemals vernommen. Den Saal, der mit
Scharlach gedeckt war, trugen hochragende sil=
berne Säulen, und an einer langen festlichen
Tafel von Perlen und Edelsteinen, versehen mit
goldenem Wein und krystallenen Gefäßen, saßen
Männer, Frauen und anmuthige Jungfrauen,
unter deren großer Zahl dem Ritter viele nicht
fremd waren, deren freundliche Blicke seine Seele
entzückten, doch die Freude, den Jugendfreund
wieder zu sehen von Angesicht zu Angesicht, und
an seiner Seite zu sitzen, gewährte ihm die al=

lerhöchste Beruhigung. — Wie herrlich ist deine Burg und dein Fest, sprach er zu ihm, du magst dich preisen mehr, denn einen Seligen. Ich bin nicht minder froh, vereint zu sein mit Allen, die ich geliebt habe auf Erden, an diesem Tage, dem schönsten meines Lebens. — Noch unterhielten die Freunde sich in gottseligen Gesprächen, als Hotamund mit sanfter Stimme sprach: Nun ist es an der Zeit, daß du wiederum heimkehrst nach deiner Burg. — Bestürzt und hingerissen vom tiefsten Weh, entgegnete Heimer: Warum soll ich schon scheiden? Laß mich doch bei dir bleiben, ach nur noch eine einzige Stunde . . . . . Der abgeschiedene Freund versetzte: Das kann nicht sein, du mußt zur Heimath gehn, der du viel länger hier verweilt, als du wähnen magst . . . . Bald aber sehn wir uns wieder. — Nun führte er den Betrübten aus dem Saal. Vor den Burgstufen harrte der eilende Schimmel und sah den kommenden Ritter mit großem Auge an und auch die schneeweißen Windhunde standen wieder zu Häupten des Rosses und senkten gutmüthig den Kopf ein wenig seitwärts, bereitfertig aufschauend wie zu einem

geliebten Bekannten. — Der Ritter bestieg seinen
Renner, der ihn kaum auf dem Rücken fühlte,
als er mit Windesschnelle hinwegeilte. — Wolkenhohe Gebirge, Feldmarken, Waldungen, Schlünde,
Meeresfelsen, tobende Gewässer glitten wieder zu
seiner Rechten, zu seiner Linken hin; große Städte
mit mächtigen Domen und ernstem Glockengeläute,
Flecken, Silberseen, Bethäuser und niedre Thal-
hüttlein der Erdenbewohner schwebten vorüber vor
dem trunknen Blick des Ritters. — Aber wie klopfte
sein Herz, wie stieg und steigerte sich seine Ver-
wunderung, als er die Gegend seines Gebiets
wiedersah und ihm lauter seltne und befremdende
Gegenstände ins Auge traten. Da, wo ein endloser Wald sich ausgedehnt, lag ein weitläufiges
Dorf, ein Gehöfe, ein großes Klostergebäude; am
Ufer des Thalflusses, an dem eine Mühle mit
Häuslein gestanden, prangte eine mauerumzogne
Stadt mit steilen, bekreuzten Kirchthürmen; auf
nahen, ewig wüsten, nun von mächtigen Bäumen
und lachendem Maigrün bedeckten Kuppen, ruhten
Bergkapellchen, erfüllt von frommem Betgesang
und hellem Orgelklang, deren Goldkreuze und
Fensterscheiben im Glanz der Abendsonne brann-

ten. — Da stieg empor der Burgberg, fernhin
zeigte sich auch des Freundes Wohnsitz. Nun
war der Schlangenweg zur Höhe zurückgelegt, der
Eingang zur alten Ahnenburg erreicht. Ritter Heimer streichelte den anhaltenden Renner und blickte
sich um. Das war das Wohngebäude, das war
sein geliebtes Stammhaus nicht mehr. Eine hohe
Burg mit Seitenflügeln stand vor ihm, ein tiefer Graben, starke Mauern mit trotzigen Eckthür-
men umschlossen sie, und nur der Löwe und Vogel Greif des alten Familienwappens, das noch
über dem Thor befestigt hing, überzeugten den
zweifelnden Ritter, daß er vor keiner andern als
der eignen Burg angekommen sei. — Der Burg-
wart, nachdem er mit dem Lärmhorn des Fremden Ankunft vermeldet, ließ die Zugbrücke sinken,
ging auf den Ritter mit weißem Roß zu und
fragte ihn nach Herkunft und Begehr. Ritter
Heimer starrte den Wächter an und sprach: Frage
nicht also: ich bin der Herr dieser Burg und des
ganzen Gau's — wo sind die Meinen, wo sind
die Knappen und Diener meines Hauses? Aber
vor Anschau und Zuwort des Ritters verzerrte
der Thorwart das Angesicht und floh scheu in die